知れば知るほど面白い！「その後」の関ヶ原

二木謙一
Kenichi Futaki・監修

JIPPI Compact

実業之日本社

はじめに

　慶長五年（一六〇〇）九月の関ヶ原合戦の起こりは、太閤秀吉死後における豊臣政権の動揺とともに表面化した武将間の権力闘争に端を発している。そしてこの合戦で大勝した徳川家康は、その後、一年ほどの間に政界の主導権を掌握した。合戦の中心は、東西両軍合わせて十五万を超える大軍が、美濃（岐阜県）の関ヶ原で衝突したいわゆる「天下分け目の戦い」であるが、この東西対決は日本列島のすべてをも巻き込んだ大規模なものであった。しかも両軍合わせて三万余にのぼる死者を出したことからも、史上最大の激戦といえる。

　戦国武将にとって、戦争とはあたかも博打のようなものであった。運よく勝者の側に立てば土地・領地を拡大し、立身出世や発展も可能となるが、不運にして敗者の側に立たされれば身の破滅を招き、生命・財産のすべてを失うこともある。関ヶ原合戦は、いわば日本中の大名がこぞって博打に参加をし、しかも棄権は許されず、東西のいずれにつくかの賭けを強いられたにひとしかった。

　戦国乱世に非武装中立などはあり得ない。とりわけ中小大名は、ぬかりなく形勢をうかがい、生き残りの道を模索しながら、ただひたすらに戦うよりほかはなかった。そしてその行動と働きぶりが、戦後の封土加増・本領安堵・封土削減・封土没収といった論功行賞と処分の対象とされたのである。

本書は、この「天下分け目の戦い」に直面した人々の立場・行動を明らかにするとともに、戦後の処遇や生きざま、さらには子孫の動静をも追っている。題して『「その後」の関ヶ原』である。ここには東西両軍に属して戦った大名・武士やその周辺の女性達など六十一名とその家系が登場するが、そのいずれにも生きること、生き残ることの厳しさが感じられる。

戦国乱世を生き抜くのは大変であるが、江戸初期の幕藩体制確立期に外様大名が生き残るのも至難なことであった。それは関ヶ原合戦直前に四十四家あった十万石以上の外様大名の内、戦後に十三家が所領を没収され、その後、寛永末年（一六四五年）までの間に、十万石以上の外様大名の四割が姿を消しているのである。

また大坂の陣には、関ヶ原浪人をはじめ、世嗣断絶（よつぎだんぜつ）や藩政の失敗、藩主の不行跡（ふぎょうせき）、罪人隠匿などさまざまな理由をもって改易され、再仕官のあてもなく、徳川氏に対して深い遺恨を抱いている浪人や、幕府のキリスト教弾圧に抵抗して籠城したキリシタンが群集した。そうした不穏の輩（やから）を、江戸幕府は大坂城もろともにジェノサイドにかけ、治安維持をはかろうとしたのであった。

このような時代の波に押し流され、不運にも滅び去った家がある一方で、いく度もの苦難に耐えて幕末まで家名・血脈を存続させた幸運な家もある。本書はそうした関ヶ原「その後」の人々の消息を追跡したもので、これまでの関ヶ原合戦関連の単行本としては類書が少ないであろう。

もう三十年ほど前の昭和六十年の秋、岐阜県不破郡関ヶ原町にある戦没者供養堂・宝蔵寺において「関ヶ原三八五年祭」と称する催しが行なわれた。私は中公新書に『関ヶ原合戦―戦国のいちばん長い日』を書いたことから招待を受け、その催しに参加した。読経法要のほかに、浪曲・歌謡、それに狼煙（のろし）を打ち上げ、火縄銃の射撃実演等をも加えたプログラムの多くは、千名を超える参加者・見物客を楽しませるショーである。そうした中でも興味深く思われたのは、東西両軍将士の子孫という、各地から参集した旧大名華族を含む四十五名が、犠牲者の慰霊碑の前に相会し、代表者が握手を交わすというセレモニーであった。

本書の監修者として原稿と校正刷りに目を通しながら、あの関ヶ原古戦場址で行なわれた慰霊供養で、まさに関ヶ原の「その後」を生き延びた東西両軍の子孫たちが、親しく語り合う姿を、懐かしく思い出していた。

二〇一五年七月

國學院大學名誉教授　二木謙一

【目次】

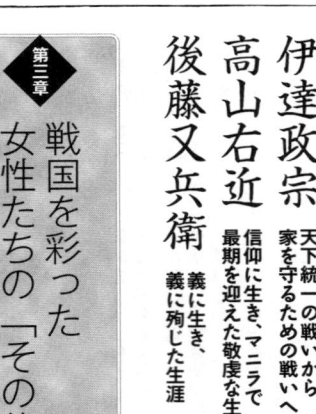

第三章　戦国を彩った女性たちの「その後」

カバーデザイン・イラスト／杉本欣右
本文図版／イクサデザイン
本文レイアウト・図版／Ｌｕｓｈ！

序章

関ヶ原の合戦、勃発

関ヶ原前史

秀吉の死後に表面化した豊臣家の内部分裂

慶長三年（一五九八）五月、時の天下人・豊臣秀吉が突然病に倒れた。一向に快復する気配はなく、七月二日には危篤状態に陥ってしまう。

ここに至り、秀吉は自らの死期を悟った。

秀吉の跡継ぎは側室淀殿との間に生まれた秀頼であるが、このとき秀頼はわずかに六歳だった。当然、幼い秀頼に政務などとれるはずもなく、秀吉は死の床にあってそのことだけを案じていた。そこで秀吉は、自分の死後の政権安定のため、五大老、五奉行の制度を設けた。五大老は、豊臣政権における中枢を担う者らのことで、徳川家康、前田利家、毛利輝元、上杉景勝、宇喜多秀家がそれに任じられた。五奉行は主に政権下における実務を担う者らで、石田三成、長束正家、増田長盛、浅野長政、前田玄以である。

「秀頼のことをくれぐれも頼む」

死ぬ寸前まで、秀吉はそのことだけを懇願した。五大老、五奉行らはその遺志をくみ取り、八月五日、秀頼に忠誠を誓う旨の起請文をお互いに交わした。秀吉は、これで大丈夫だとさぞかし安堵したことであろう。そして八月十八日、六十二年の生涯を終えたのである。

しかし、約束はあっさりと破られることとなる。そのきっかけをつくったのは、家康であった。家康は秀吉の死を待っていた。そしてこれを政権奪取の好機ととらえて暗躍する。それを阻止しようとしたのが、五奉行の筆頭である三成だった。

これが、関ヶ原の合戦の起因である。

だがその背景には、もっと複雑な人間関係――豊臣政権に深く内在していた武将間における権力闘争と内部分裂があった。具体的にいえば、加藤清正（かとうきよまさ）、福島正則（ふくしままさのり）ら戦場の第一線で活躍して豊臣政権の確立に尽力した武断派と、三成を筆頭とする奉行派とのいがみあいである。

豊臣政権というものは、じつに脆弱（ぜいじゃく）な基盤のもとに成り立っていた。それは、秀吉の死後、葬儀が営まれなかったという事実からもうかがい知ることができる。

ただし、江戸時代に書かれた書物のなかには、秀吉の葬儀が営まれたと記すものがある。『太閤秀吉公御葬儀御行列記（おんそうぎおんぎょうれつき）』『豊太閤葬記（ほうたいこうそうき）』『三壺記（みつぼき）』などによると、秀吉の葬儀が行なわれたのは、慶長四年（一五九九）二月十八日のこと。京都の大仏殿にて行なわれた葬儀には、正室北政所（きたのまんどころ）、側室淀殿と秀頼をはじめ、徳川家康、前田利家、毛利輝元、上杉景勝、宇喜多秀家ら諸大名がそれぞれ数百の伴を従えて参列。総勢数万にも及ぶ人々が、秀吉に最期の別れを告げたという。

しかし、実際には秀吉の葬儀は行なわれていない。まず、当時代の史料にはまったく秀吉の葬儀に関する記述を見出すことができないのである。これほど盛大な葬儀だったのであれば、京都の公家や僧侶の日記などに書かれていてもおかしくはないが、それすらない。

忠孝（ちゅうこう）という封建道徳が重んじられていた江戸時代にあって、人々は秀吉ほどの人の葬儀が執り行なわれなかったはずはない、あるいはとり行なわれていたはずであると考えた。そのため、秀吉の葬儀を空想し、書物に残したのである。

それでは、なぜ秀吉の葬儀は行なわれなかったのであろうか。じつはここに、豊臣政権の内部分裂の様子を見ることができるのである。

なぜ葬儀は行なわれなかったのか

もし天下を手中に収めていた秀吉の葬儀を行なうとするのであれば、それは当然大規模に行なう必要がある。そうなった場合、葬儀の主催者は政権内の重鎮・五大老の代表者が担うべきであろう。

五大老の筆頭は、当時関東二百五十万石を治めていた家康である。家康が秀吉の遺児秀頼を奉じ、葬儀の主催者を務める――これはまったくもって自然なことだ。かつて秀吉が信長の後継者として三法師（さんぼうし）（のち秀信（ひでのぶ））を奉じ、天下統一への足掛かりをつくった出来事が思い起こされる。

しかし、このときの家康には秀頼を奉じる理由はまったくなかった。それどころか、変に豊臣家へ義理立てしてしまうと、のちの自分の行動に制約が生じる恐れがあった。そのため、家康には自ら主張して主催者を務める意志はなかった。

豊臣政権におけるナンバーツーの前田利家もまた、主催者を務めることができなかった。葬儀があったとされる慶長四年二月、利家はすでに重い病の床についていたからである。実際、閏三月三日に亡くなっている。仮に元気な身の上であっても、筆頭地位にある家康を差し置いて葬儀をとり仕切ることはできなかったと考えられる。

また、毛利輝元、上杉景勝は二月の時点ではそれぞれ在国である安芸、会津にいた。宇喜多秀家にいたっては当時二十六歳。とてもではないが、ほかの四人を出し抜いて自らの意志を主張することなどできなかっただろう。

一方、喪主について検討してみる。

普通に考えれば、正室北政所、もしくは秀頼が務めるのが妥当である。だがこれも難しいところで、北政所が立てば世継ぎである秀頼の立場が難しくなり、また、秀頼が立てば当然その後見として淀殿が出てくるはずで、北政所の面子が立たなくなってしまう。

秀吉には、正室北政所のほかに側室が十六人いたという。秀吉の在世中はその寵愛を巡って陰湿な対立があったようであるが、それでも秀吉の生前は互いが遠慮して自らの本音を明かさなかったため、表向きは平穏を保っていた。

しかし、秀吉の死によって、その均衡が破られることとなってしまった。たちまち理性は失われ、また、それぞれを支持する勢力間の反目も加わり、二大女巨頭——北政所派と淀殿派という対立構造が生まれることとなってしまう。ただし、秀吉の跡を秀頼が継ぐと、当然その生母淀殿の権勢が高まっていくのは必然の理である。慶長四年正月に秀頼と淀殿が大坂城へ入ると、それと入れ替わるようにして北政所は京都三本木の館へ隠棲し、剃髪して高台院（こうだいいん）と号した。これは、豊臣家の女主人が北政所から淀殿へと移行したことを暗に示しているといえよう。

表面化した豊臣家内における権力闘争

さらにもう一つ重大な問題として、家臣間の統制が取れていなかったことが挙げられる。成り上がり者の秀吉には代々その家を盛り立てる家臣団というものがなかったため、自分の力で一からそれを構築する必要があった。そのため秀吉は、年功序列にこだわらず、必要とあれば新しい人材を登用し、適材適所の人材活用を行なっていった。また秀吉という人は大変気前がよく、家臣が何かの功をなすと、金銀、所領を惜しみなく与えていった。結果、多数の高禄大名が誕生することになるのであるが、一方で、政権内部における派閥争い、権力闘争を生み出すこととなった。その最たるものが、武断派と奉行派の対立である。これに北政所と淀殿との対立が結びつき——秀吉子飼いの加藤清正、福島正則、浅野幸長（ゆきなが）ら尾張出身の武将は北政所と親しい関係にあり、石田三成、長束正家、増田長盛ら近江出身の奉行は信長によって滅ぼされた近江の大名浅井（あざい）長政の血を引く淀殿と深い結びつきがあったという——豊臣家を二分する権力闘争にまで発展してしまったのである。

そして秀吉が死ぬと、それまで抑えられていた対立が一気に表面化。さらに前田利家が死んだ慶長四年閏三月三日の夜、清正、正則ら武断派の武将が三成を殺害せんと襲撃する事件が起こった。こうした状況にあって、秀吉の家臣たちが心を一にして葬儀の運営を行なうなどといったことができようか。とてもではないが、不可能と言わざるを得ない。

秀吉の葬儀すら行なうことができずにいたほどの豊臣家内の内部分裂は、政権簒奪（さんだつ）の機会を狙っていた家康にとってはまさに好都合であった。両派の対立を煽（あお）って激突させ、自らは中立の立場を装いながら漁夫の利を狙おうとした。関ヶ原の合戦は、このような複雑な種々の要因が重なりあって勃発したのである。

合戦勃発

すでに決していた勝敗の行方

石田三成ら西軍が、家康打倒のための挙兵計画を企てたのは、慶長五年（一六〇〇）六月下旬の頃である。徳川家康が会津の上杉景勝征討に赴き、上方を不在にした隙をついてのことだった。

もっとも、三成らの挙兵は、家康の誘導によるものであった。

政権簒奪の機会を狙っていた家康だったが、自ら戦いを起こすだけの正当な理由がなかった。しかし、天下を取るには武力で豊臣秀頼を圧倒する必要がある。かといって、ただちに挙兵して大坂城を攻めたところで、世間からは反逆者として見なされてしまう。家康は、とにかく戦いを起こすための「大義名分」が欲しかった。そこで思いついたのが、三成に挙兵させるという謀略であった。

しかし、会津征討の表面的な名目は、秀吉の死後、上洛せずに秀頼への出仕を怠っている景勝を誅するというもので、あくまでも豊臣家の筆頭家老として臨む一戦だった。実際、会津征討に赴くにあたり、家康は秀頼から黄金二万両と米二万石を賜っている。そうした名目が掲げられたため、家康の東下に伴い、福島正則、加藤嘉明、黒田長政といった豊臣

●徳川家康・秀忠の動き

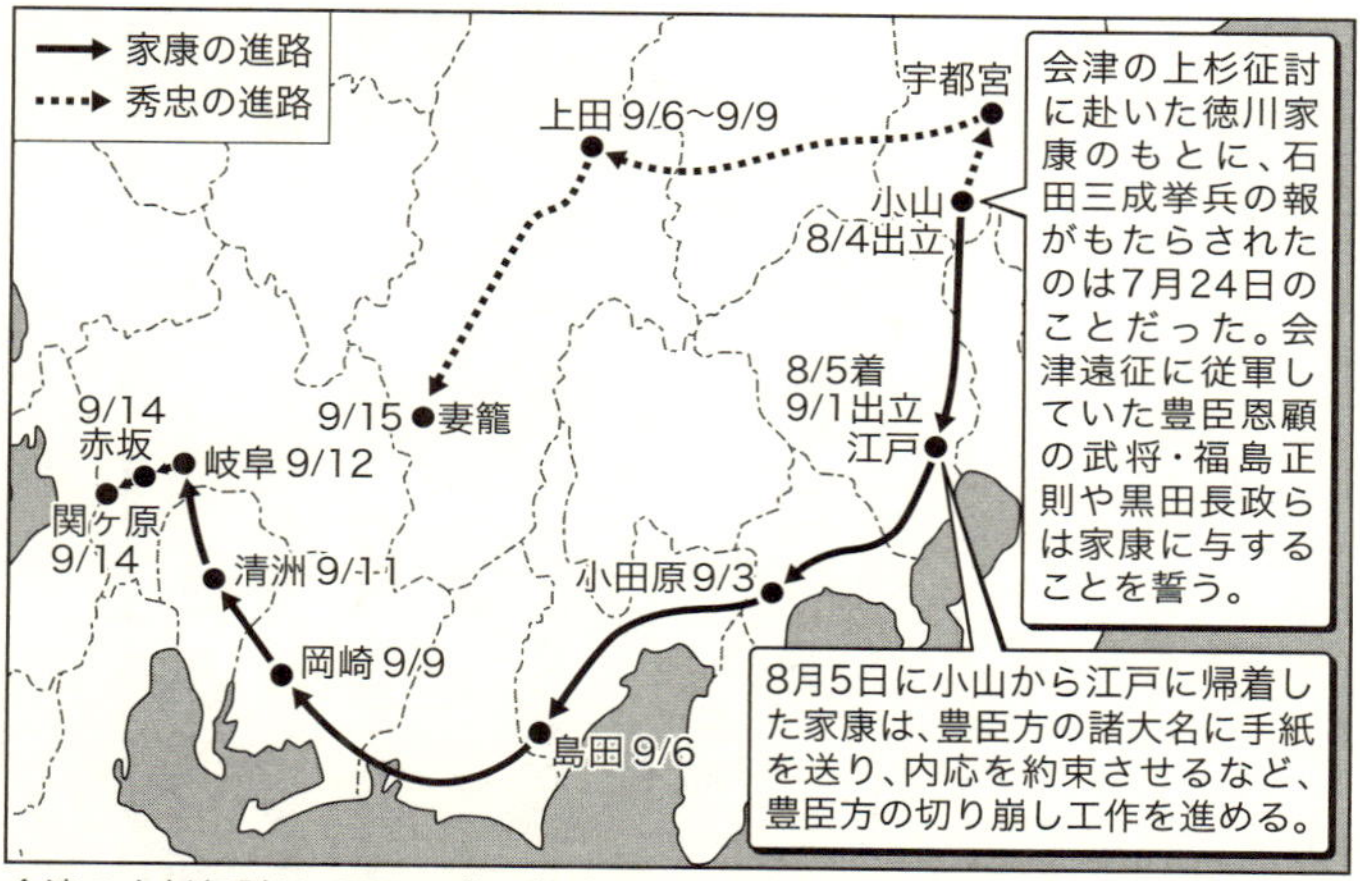

会津の上杉征討は、石田三成を挙兵させるべく策した家康の妙計であり、家康は本戦の前から着実に自らの地歩を固めていった。

恩顧の武将らも従軍した。

七月二十四日、下野小山で三成の挙兵を知った家康は、二十五日、軍議を開いた。そこで家康は従軍していた諸将らに三成の挙兵を告げると、諸将の妻子は大坂で人質となっているゆえ、去就は各々らに任せると言った。

すると、三成に憎しみを抱いていた正則が打倒三成と家康への味方を申し出た。そして居並ぶ諸将も、こぞって家康に与(くみ)することを誓った。

「豊臣家のために君側(くんそく)の奸(かん)である三成を討つ」

諸将らはこれが自家の安泰のための最善の策であると考えたにちがいないが、これもまた、「大義名分」を生み出すための家康の謀略なのであった。

戦う前から西軍の敗北は決まっていた

こうして西軍との一戦が決定されると、豊臣恩顧の諸将らは先鋒隊として東海道を西上。家康はそれを見届けてから、二十六日、小山の陣を引き払い、八月五日、江戸に帰着した。

家康が三万二千余の兵を率いて江戸を出立したのは九月一日のこと。それより前の八月二十三日には、先鋒隊の豊臣恩顧の諸将らが西軍方の岐阜城をすでにおとしていた。家康が江戸をなかなか動かなかったのは、豊臣恩顧の諸将らの忠節度を確かめるためであった。彼らの働きぶりに気をよくした家康は、ゆっくりと東海道を西上し、九月十四日正午頃、美濃赤坂付近で彼らと合流した。

小山での軍議から約五十日余の間、じつは家康は勝利のための方策を講じていた。自軍に形勢が有利に展開するよう、外様の諸将八十二名に対し、現存しているものだけでも約百六十通もの手紙を送っているのである。前もって家康に誼（よしみ）を通じてきた諸将に対して労をねぎらったり、戦後の恩賞を約したりしたほか、西軍諸将への誘降も行なっている。全国の諸大名に音信を通じ、協力を求めるなど極めて周到な準備のもと、三成との一戦に臨もうとしていたことがわかる。決戦前にはある程度自分に味方する諸将の見極めが終わっており、確かな手応えを感じていたであろう。

関ヶ原の合戦の勝敗を決めたとしてよく知られる小早川秀秋の内応、吉川広家と通じて行なわせた毛利家の戦闘への不参加という密約を取りつけたのは、九月十四日のこと。本戦の前に、すでに勝敗の行方は決していたと言えよう。

九月十五日、関ヶ原で両軍が対峙したとき、その総勢については諸説あるが、東軍約七万四千、西軍約八万二千であったという。しかし、東軍への内応者が続出した西軍にあって実際に戦ったのはその半数ほどであり、合戦はわずか八時間ほどで東軍の勝利に終わった。

戦後の論功行賞

こうして三成との戦いに決着をつけた家康は、九月二十七日に大坂城へ入ると、井伊直政、本多忠勝、榊原康政、本多正信、大久保忠隣、徳永寿昌の六人に命じて関ヶ原の合戦における諸将の勲功調査を命じた。これをもとにして、家康が論功行賞を発表したのは、十月十五日のことである。

もちろんこの日にすべてが終わったわけではなく、こののち一年半余にわたって随時新たな論功行賞が下されていった。

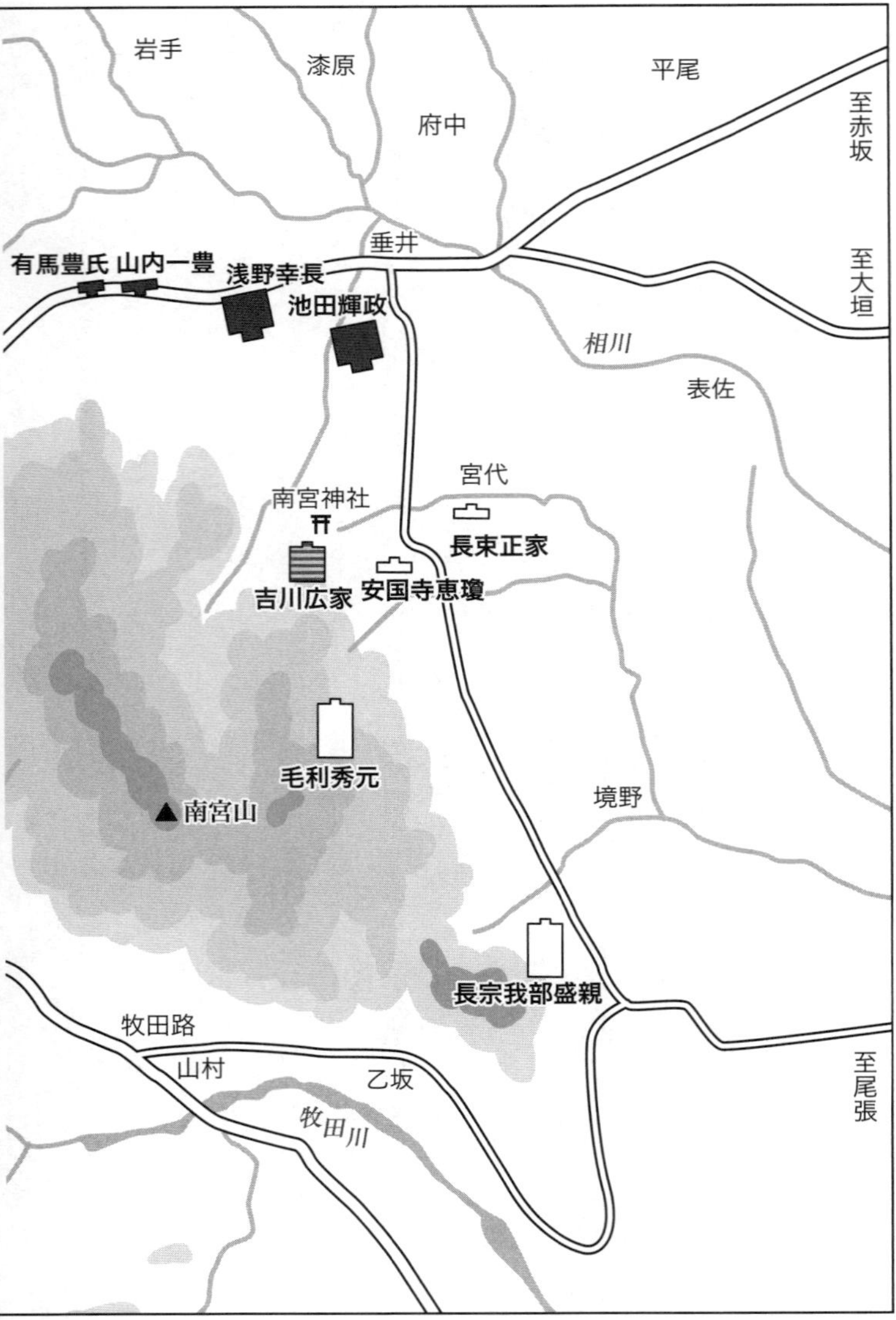

岩手
漆原
平尾
府中
至赤坂
垂井
至大垣
有馬豊氏
山内一豊
浅野幸長
池田輝政
相川
表佐
宮代
南宮神社
長束正家
吉川広家
安国寺恵瓊
毛利秀元
南宮山
境野
長宗我部盛親
牧田路
山村
乙坂
牧田川
至尾張

●関ヶ原の合戦当日の布陣図

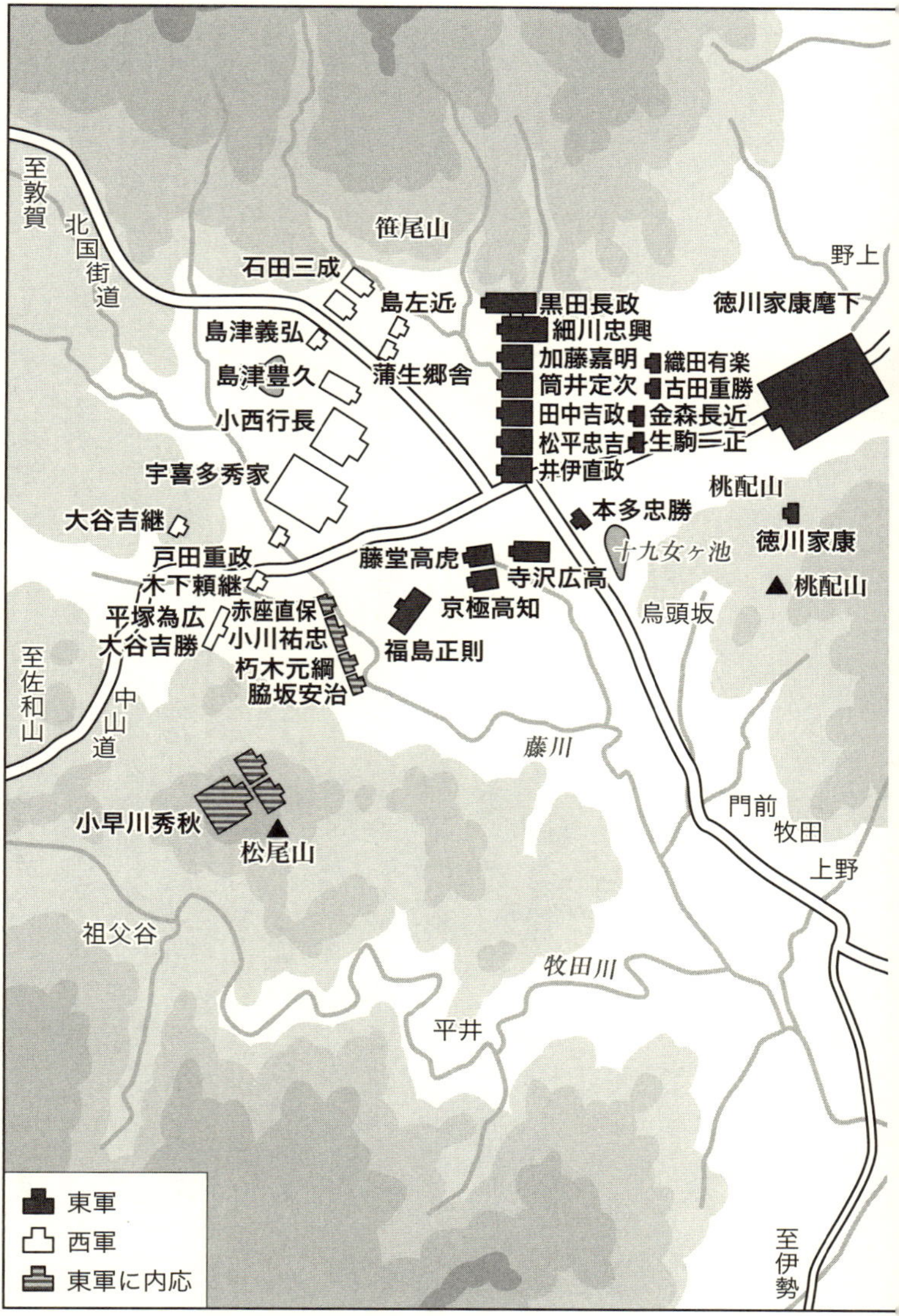

西軍に加担した大名の運命は惨憺たるものであった。西軍に与した外様大名八十八名を改易にして、その所領四百十六万一千八十四石を没収。これに五名の大名の減封地を合わせると、没収した所領の石高は、六百三十二万四千百九十四石。全国の総石高のじつに三十四パーセントに及んだという。これらの土地は東軍に属して功労のあった外様大名、徳川一門、譜代の大名らに配分された。

また、家康直々に治める直轄地は二百五十六万石から四百万石へと加増し、自らの地位を確固たるものとしたのである。

むろん、関ヶ原の合戦で東軍に属した豊臣恩顧の諸将らは高禄を加増されている。しかし彼らが転封された地は、奥羽や四国、九州など、いずれも遠隔の地であった。家康は豊臣恩顧の大名たちに対して「御恩」の名のもとに加増を行ないながら、一方で、関東の拠点からは離れた辺境の地へと追いやったのである。そして、彼らを押さえる役割として、譜代大名を軍事的拠点に配置した。

これが、のちの幕藩体制の基盤となっていったのである。

●主な東軍諸将の論功行賞

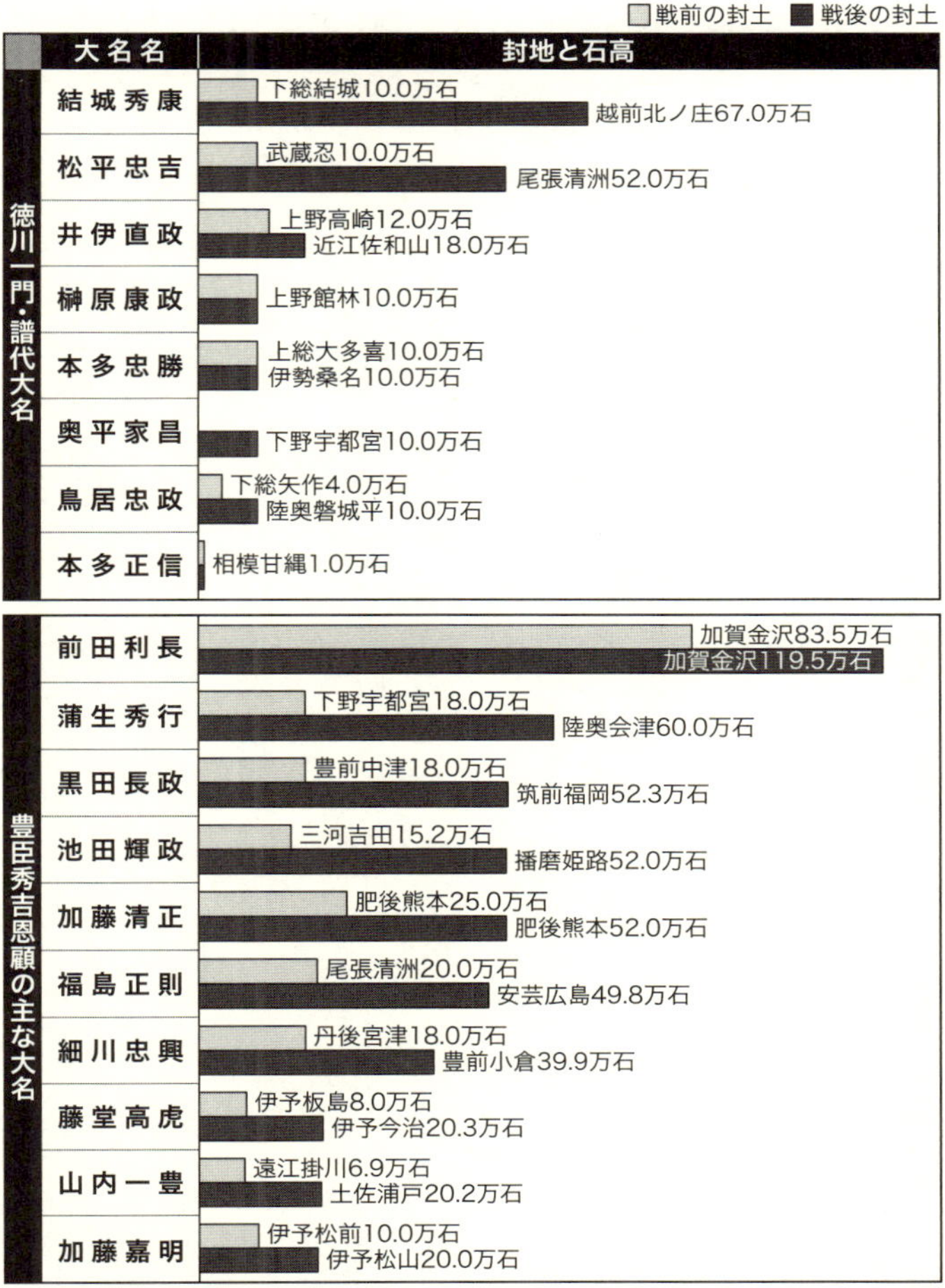

戦前の封土
戦後の封土
大名名
封地と石高
徳川一門・譜代大名
結城秀康
下総結城10.0万石
越前北ノ庄67.0万石
松平忠吉
武蔵忍10.0万石
尾張清洲52.0万石
井伊直政
上野高崎12.0万石
近江佐和山18.0万石
榊原康政
上野館林10.0万石
本多忠勝
上総大多喜10.0万石
伊勢桑名10.0万石
奥平家昌
下野宇都宮10.0万石
鳥居忠政
下総矢作4.0万石
陸奥磐城平10.0万石
本多正信
相模甘縄1.0万石
豊臣秀吉恩顧の主な大名
前田利長
加賀金沢83.5万石
加賀金沢119.5万石
蒲生秀行
下野宇都宮18.0万石
陸奥会津60.0万石
黒田長政
豊前中津18.0万石
筑前福岡52.3万石
池田輝政
三河吉田15.2万石
播磨姫路52.0万石
加藤清正
肥後熊本25.0万石
肥後熊本52.0万石
福島正則
尾張清洲20.0万石
安芸広島49.8万石
細川忠興
丹後宮津18.0万石
豊前小倉39.9万石
藤堂高虎
伊予板島8.0万石
伊予今治20.3万石
山内一豊
遠江掛川6.9万石
土佐浦戸20.2万石
加藤嘉明
伊予松前10.0万石
伊予松山20.0万石

徳川家康は戦後の論功行賞にあたり、東軍に属した豊臣系の諸大名の所領を大幅に加増した。しかしその裏では、彼らを江戸から遠く離れた地に追いやることで、幕政の安定を図る思惑があった。

●主な西軍諸将の論功行賞

戦前の封土（灰色）　戦後の封土（黒）

	大名名	封地と石高
東軍に内応	小早川秀秋	筑前名島35.7万石 備前岡山51.0万石
東軍に内応	脇坂安治	淡路洲本3.3万石
安堵	宗義智	対馬厳原1.0万石
削減	上杉景勝	陸奥会津120.0万石 出羽米沢30.0万石
削減	毛利輝元	安芸広島ほか120.5万石 周防・長門36.9万石
削減	佐竹義宣	常陸水戸54.6万石 出羽秋田20.5万石
没収	宇喜多秀家	備前岡山57.4万石
没収	長宗我部盛親	土佐浦戸22.2万石
没収	小西行長	肥後宇土20.0万石
没収	増田長盛	大和郡山20.0万石
没収	石田三成	近江佐和山19.4万石
没収	織田秀信	美濃岐阜13.3万石
没収	立花宗茂	筑後柳川13.2万石 慶長2年、陸奥棚倉1万石を与えられ、復帰
没収	丹羽長重	加賀小松12.5万石 慶長8年、常陸古渡1万石を与えられ、復帰
没収	長束正家	近江水口5万石
没収	真田昌幸	信濃上田3.8万石

西軍に属した大多数の大名が所領を没収される中、なんとか命脈を保った大名もいた。また、立花宗茂、丹羽長重のように再び大名に取り立てられる者もあった。

●関ヶ原合戦前の全国諸大名配置図（1600年頃）

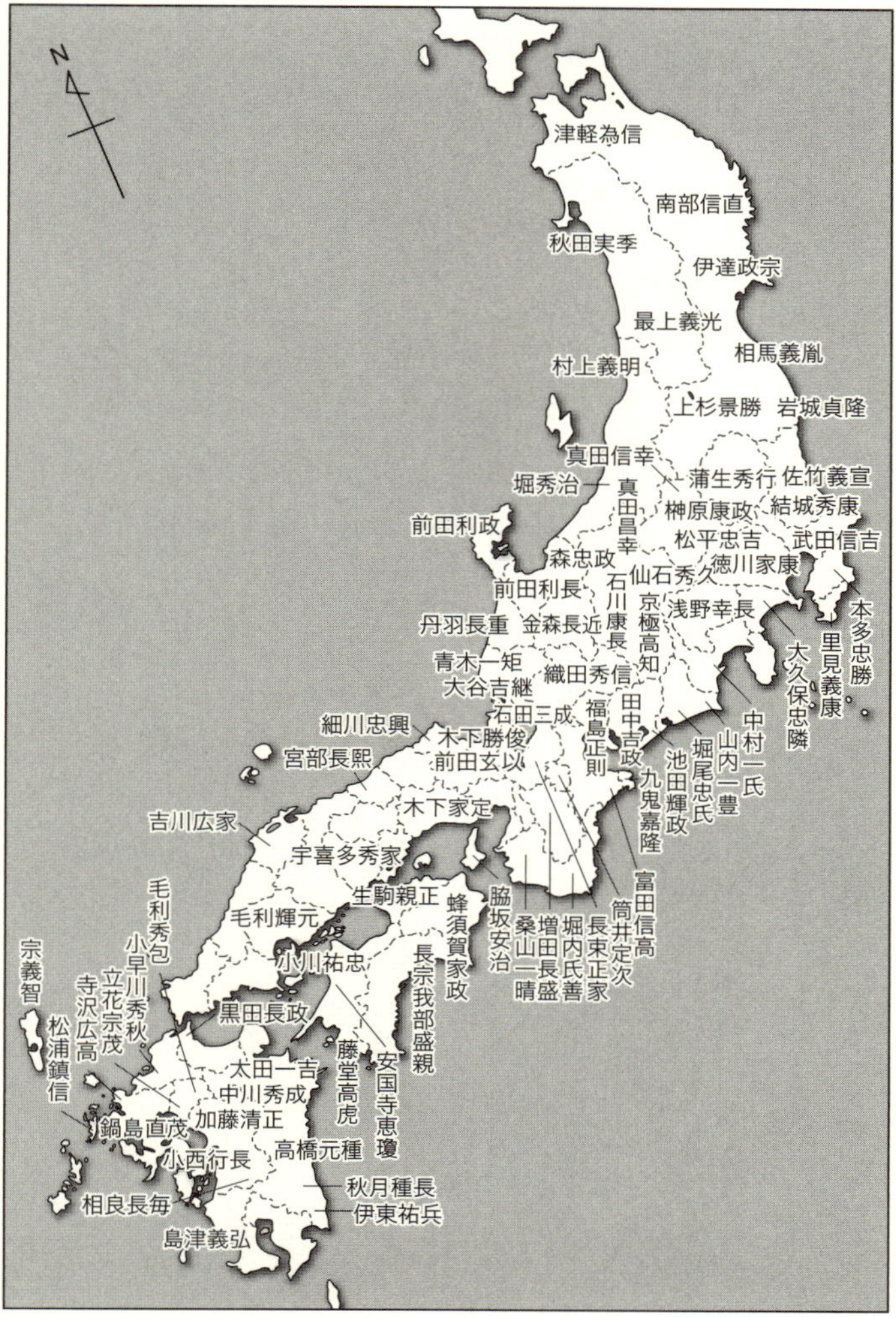

●関ヶ原合戦後の全国諸大名配置図（1614年頃）

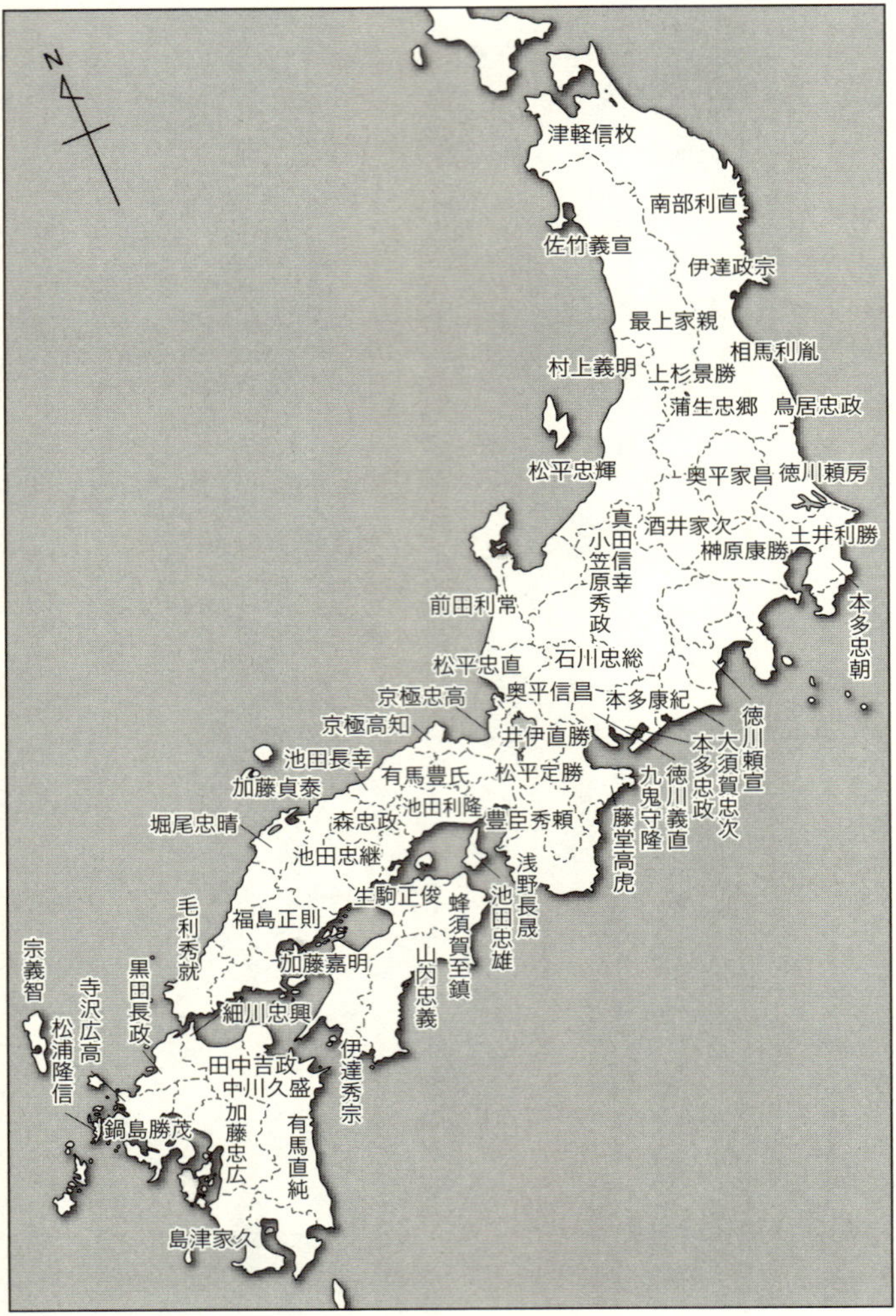

第一章

西軍諸将の「その後」

石田三成
宇喜多秀家
小西行長
大谷吉継
増田長盛
長束正家
吉川広家
毛利輝元
小早川秀秋
脇坂安治
真田昌幸
真田信繁
織田信雄
織田秀信

佐竹義宣
九鬼嘉隆
京極高次
長宗我部盛親
立花宗茂
丹羽長重
直江兼続
上杉景勝
島津義弘
片桐且元
毛利勝永
宗義智
五島玄雅

石田三成

江戸時代を生き抜いた敗軍の将の血脈

関ヶ原の合戦は、そもそも豊臣政権における権力闘争に端を発する。そのような事態を引き起こした張本人こそが、石田三成である。

一般に、秀吉の生前から豊臣政権には二つの大きな派閥があったといわれる。三成、長束正家、増田長盛といった奉行派と、加藤清正、福島正則、黒田長政といった武断派である。この二派はもともと折り合いが悪かった。戦場の最前線で槍を振るう武断派の面々にとって、奉行派の者どもは太閤殿下の傍らでご機嫌を取りながらぬくぬくと勘定しているだけの存在であり、一方奉行派にとっては自分たちが行政や兵站（へいたん）を担っているからこその政権であるとの自負があった。

秀吉の死はこの両者のバランスを不安定なものとし、また、慶長四年（一五九九）閏三月三日に政権の重鎮前田利家が亡くなると、二派の分裂は決定的となった。すなわち利家が死去した日の夜には、加藤清正、福島正則ら武断派の武将が三成を討たんと大坂に兵を集結させたのである。

事前にこの情報を得た三成は佐竹義宣（さたけよしのぶ）の助けを得て、なんとか伏見の自邸へと逃れるも、

●『内府ちがひの条々』

一、五大老、五奉行とも霊社上巻起請文を交わしていくらも経たぬうちに奉行のうちの二人（石田三成と浅野長政）を逼塞に追い込めたこと

一、誓紙を差し出し、違背のないことを誓ったにもかかわらず、五大老のうち、前田利長を征討すると称して脅し、利長から人質をとって追い込んだこと

一、上杉景勝にはなんの咎もないにもかかわらず、誓紙の内容に背き、かつ太閤様の御遺命に背いて出馬にいたったこと

一、（秀頼の存在を無視して）知行を自分で受けたり、取次ぎをしてはならないという決まりがあるのに、取り立てて忠節のない者に知行を与えたこと

一、伏見城に太閤様が置いておいた留守居役を追い出し、勝手に自分の家臣を入れたこと

一、十人（五大老、五奉行）以外の者との起請文のやり取りは禁じられているのに、数多取り交わしていること

一、北政所様の御座所（大坂城西の丸）に居住したこと

一、（大坂城西の丸に）御本丸のような天守を築いたこと

一、ひいきにしている諸将の妻子を国許へ勝手に送り返したこと

一、勝手に縁組を取り成すことは御法度に背く行為であると何度も申し、それを了承しているはずであるのに、なおも数多くの縁組をなしていること

一、若き侍どもを扇動し、徒党をなさしめていること

一、本来、五奉行、五大老でなすべき連署状を一人で発給していること

一、縁戚の者に便宜を図り、石清水八幡宮の検地を免除したこと

右のように、今回の会津出兵は、数々の誓約に違反し太閤様のお指図にも背き、秀頼様を見捨てて出陣したのであるから、我々は相談の結果、武力を以って彼を制裁することとした。これに同意される諸将は来たり参じて秀頼様に忠節を尽くすべきである

石田三成は徳川家康の罪科を記した『内府ちがひの条々』を全国の諸大名に公布。兵力を募るとともに、家康に対して宣戦を布告した。

事態の収拾を図るため、家康によって隠居を勧告された。

三成はこれに応じ、家督を嫡男重家に譲ると、自身は佐和山城で隠棲生活に入った。

こうして奉行派の主軸であった三成が表舞台から退いたことで、五大老の筆頭徳川家康が豊臣政権を牛耳ることになったのである。豊臣恩顧の諸大名を味方につけた家康に対し、三成は西国の雄である毛利輝元を盟主に仰ぎ、慶長五年（一六〇〇）九月十五日、天下分け目の合戦に臨んだ。だが、西軍方に裏切りが相次いだため、三成は敗北。十月一日、京都六条河原で斬首されてしまったのである。享年四十一。

処刑の前、家康の重臣本多正純（まさずみ）は、なぜ切腹をしなかったのか、なぜおめおめと敗軍の将が生き恥をさらすのかと三成を責めた。しかし、三成は毅然とこう言い放った。

「汝（なんじ）は武略を知らないのか。腹を切って敵に殺されまいとするのは雑兵のすることだ」

いかに耐えがたい状況に置かれても、生きて再起を期すことこそが大将の道だったのである。この逸話は、三成がいかに気骨のある武将だったのかをよく表わしているといえよう。

こうして三成は最期を迎えたわけだが、家康はその子孫たちをも根絶やしにはしなかった。じつは三成の血を引く子どもたちは、江戸の泰平の世を生き抜いていったのである。

三成には三男三女があったといわれる。そのうち次男重成は、関ヶ原の合戦後、津軽の

石田家略系図

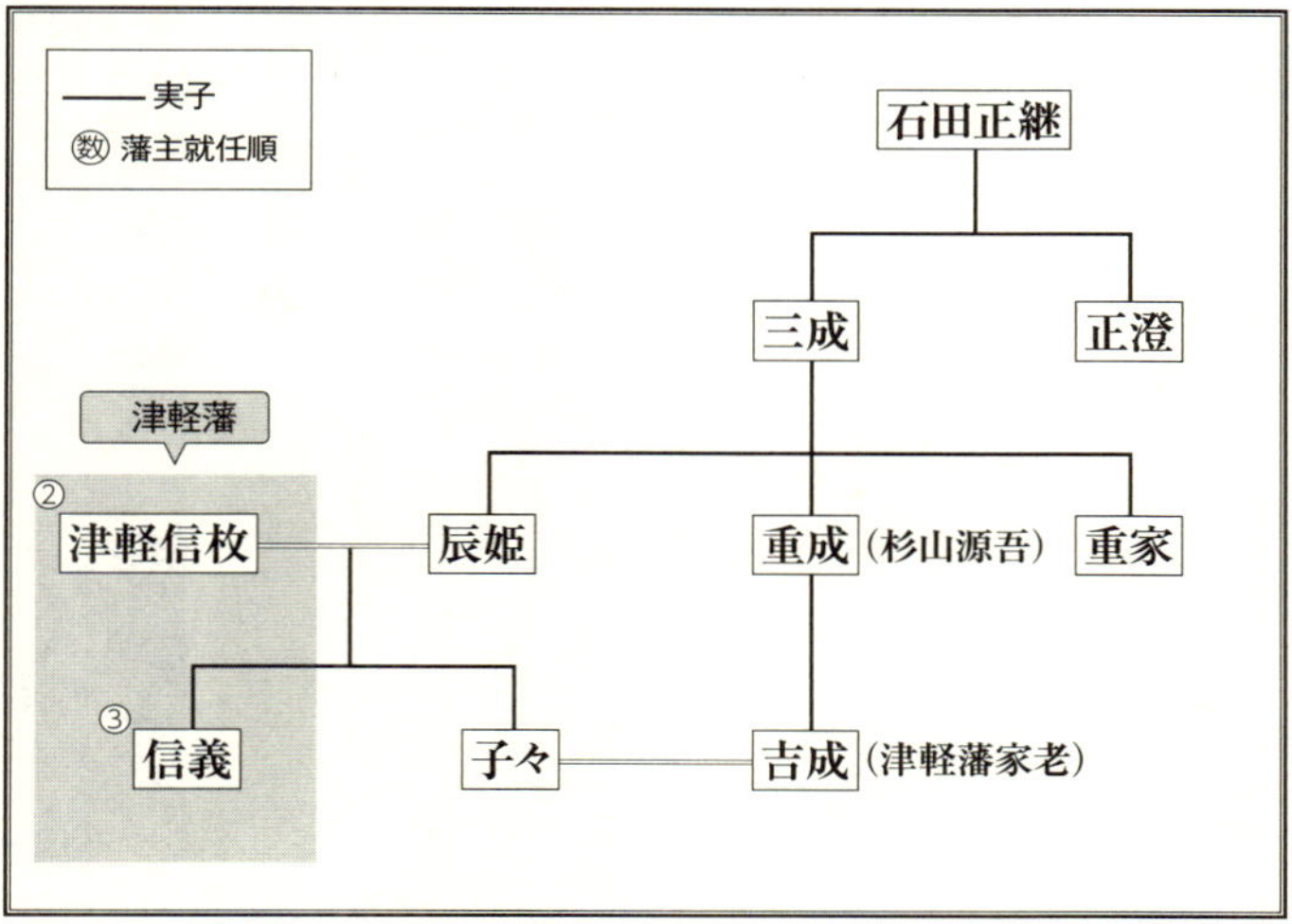

地を治め、三成と親しかった津軽為信の嫡男信建によって弘前城に匿われ、のち杉山源吾と改名した。重成の子吉成は、弘前藩二代藩主信枚の娘をめとり、弘前藩の家老となっている。

三成の三女で、重成の妹辰姫もまた兄とともに津軽へ逃れ、信枚の妻となった。その子信義が三代藩主に就任。以後、弘前藩に三成の血脈が続いていくことになる。

また、驚くべきことに、三成の血は徳川家にも受け入れられた。次女小石殿から続く血脈である。上杉家家臣岡重政のもとへ嫁いだ小石殿は、吉右衛門という男子を成した。その吉右衛門の次女於振が、三代将軍徳川家光の側室となったのだ。二人の間には、千代姫という女子が誕生している。

宇喜多秀家

明治の新時代になってようやく許された罪

豊臣政権下における五大老の一人・宇喜多秀家が、豊臣秀吉の後見を受けて宇喜多家の家督を継いだのは天正十年（一五八二）、わずか十歳のときである。天正十三年（一五八五）、十三歳で元服すると、秀家は正式に秀吉の養子となった。

秀家は、ことのほか秀吉に可愛がられたようである。天正十七年（一五八九）には前田利家の四女で、秀吉の養女豪姫を妻に迎えた。さらに文禄二年（一五九三）、秀吉に嫡男秀頼が誕生すると、秀吉の養子であった秀次（ひでつぐ）が切腹を命じられ、秀俊（のち秀秋）が小早川家へ養子に出されるなかで、秀家はそのまま秀吉の手元に留め置かれたのである。秀家が五大老に列したのは二十六歳という若さであり、所領は五十七万四千石。秀吉という後ろ盾のもと、栄達を遂げた青年大名であった。

秀家の華々しいまでの人生は、秀吉の死去とともに終わりを告げた。

慶長五年（一六〇〇）の関ヶ原の合戦では、秀家は当然のように西軍として参戦した。このとき秀家は一万六千余の兵を率いていたという。これは、西軍最大の兵力であった。傍観者が多く、士気が上がらない西軍にあって、秀家の戦い振りには目を見張るものがあったという。江戸時代中期に著された『関原軍記大成』には、「福島正則勢の先手を四町（約四百メートル）、五町ほど突き崩した」とある。しかし、小早川秀秋の裏切りによって西軍は総崩れとなり、秀家もまた、戦場を脱することを余儀なくされた。

逃亡した秀家は美濃国の山中を二日さまよったあげく、落武者狩りを目的とする野武士の一団に捕まってしまう。しかし、首領矢野五右衛門という者が秀家の人柄に心から惚れ込み、秀家を自宅に匿った。そして秀家が持っていた国次の太刀を徳川方に届け、秀家の死を偽装したのである。こうして秀家は無事大坂の屋敷までたどり着くことができ、妻豪姫とも再会を果たすことができたのであった。

だが、大坂にいたのではいつ徳川の手の者に見つかってしまうかわからない。そこで秀家は、薩摩の島津義弘（しまづよしひろ）を頼り、海路、落ち延びた。薩摩にたどり着いた秀家は、大隅国の土豪の家に匿われ、そこで三年の月日を過ごした。しかし事が発覚すれば島津家にも咎（とが）が下ると考えた秀家は、慶長八年（一六〇三）九月、ようやく江戸幕府への出頭を決意。薩摩藩主島津忠恒（ただつね）、加賀藩主前田利長の取り成しもあって死罪を免れた秀家は、駿河久能山への幽閉ののち、慶長十一年（一六〇六）四月、八丈島への流罪となった。このとき、秀家三十四歳。秀家に付き従ったのは嫡男秀規（ひでのり）、次男秀高（ひでたか）、三男秀継（ひでつぐ）と家臣十二名だった。

かつて栄華を誇った大大名の生活に慣れ親しんだ秀家にとって、流罪先での生活は苦しいものであったことは想像にかたくない。加賀藩からは一年おきに生活物資の援助がなされたというが、それだけで生活することはできず、ときにはプライドを捨て、島民から麦一升を譲ってもらったこともあったという。

また次のような逸話も残っている。秀家が島の代官に食事に招かれたときの話である。

――秀家は彼の心遣いに大変感謝し、出された白米の飯を二杯、喜んで食べた。代官が三杯目を勧めたとき、秀家は懐から手ぬぐいを出すや、それに飯を包み出した。不思議に思った代官がなぜそのようなことをなされるのか、ふと尋ねたら、秀家はこう答えた。

「ここでは白米など到底食べることはできませぬ。家に持ち帰り、我が子に食べさせてやりたいのです」

代官は何も言うことができず、ただ涙を流すのみであった。後日、代官が白米二俵を届けたところ、秀家はそれに感謝し、御礼として家宝「内赤の盆」を贈った――。

秀吉といい、野武士といい、代官といい、秀家にはやはり人に愛される器量が備わっていたのだろう。結局、秀家は八丈島で五十年以上の時を過ごし、明暦元年（一六五五）十一月二十日、亡くなった。享年八十四。その後、秀高、秀継の家系が八丈島で生き抜いた。明治二年（一八六九）には明治新政府によって宇喜多家の罪が許され、その翌年、秀家の子孫が東京の地に足を踏み入れている。

小西行長

親友石田三成とともに迎えた壮絶な最期

堺の豪商小西隆佐（こにしりゅうさ）の次男として生まれた行長は、幼い頃から武士として出世を果たしたいという夢を抱いていたといわれる。父の伝手で宇喜多直家に仕えたのち、その才知を認められて秀吉に召し抱えられた行長は、その後、九州征討など各地を転戦して戦功を残し、天正十六年（一五八八）には肥後宇土十二万石を領するまでになった。

豊臣政権下において、行長がとくに親しくしたのは石田三成だった。二人の付き合いは、天正十五年（一五八七）、揃って博多町割り奉行に任命された頃から始まると考えられている。また、行長の父隆佐、兄如清（じょせい）、三成の父正継（まさつぐ）、兄正澄（まさずみ）が秀吉政権において堺奉行を勤めており、いわば家族ぐるみの付き合いでもあった。

朝鮮出兵において、その仲は一層深いものとなる。

文禄の役の際、早期講和を締結させたいとの思いから中国・明との交渉を行なった行長であったが、明からの国書に「明の国王が秀吉を日本国王に任ずる」という言葉があったために、秀吉の怒りを買ってしまい、交渉が決裂。再び秀吉による朝鮮出兵という事態を招いてしまった（慶長の役）。

行長の失態は明らかであり、実際、秀吉から死を命じられている。しかし、このとき三成が秀吉との関係を取り持ってくれたおかげで、結果的に行長は何一つ咎めを受けずに済んだ。これに行長は大いに感謝し、一層三成との関係が深いものとなったのである。

行長と三成との友情

そういった経緯もあり、秀吉没後の関ヶ原の合戦において、行長が三成方につくのは当たり前のことといえた。

キリスト教の宣教師ヴァリニャーノの報告によると、戦前、家康は行長をなんとか自軍に引き寄せるべく、自身の曾孫と行長の嫡男との婚姻を企図したが、行長が肯んずること(がえ)はなかった。三成同様、秀頼に並々ならぬ忠誠心を抱いていたこともあるが、家康の小細工などで三成との結びつきを切り離すことはできなかったのである。

一方、加藤清正と反目し合っていたことも理由の一つである。行長の所領は清正の所領と隣り合っていたが、領土の境界を巡ってはたびたび諍いを起こしていたという。また、行長はキリシタン、清正は日蓮宗門徒であり、信仰上も二人が相容れることはなかった。

このことから、行長は必然と武断派の武将らとも反目するようになっていったのである。

慶長五年（一六〇〇）九月十四日、天満山北方に陣を構えた行長は、十五日の決戦当日、織田長益（おだながます）（有楽（うらく））隊、古田重勝（ふるたしげかつ）隊と矛を交えた。だが、やがて小早川秀秋が裏切ったことで西軍は総崩れとなる。そんな状況下、最後まで持ちこたえた行長であったが、結局伊吹山への逃亡を余儀なくされた。

伊吹山中に逃れた行長は、そこで関ヶ原の年寄林蔵主（りんぞうす）と出会う。林蔵主は早く落ち延びるよう行長を促したが、行長はこれを拒んだ。そしてこう言った。

「自分を家康のもとへ連れていき、褒美をもらうがよい。自害はたやすいことであるが、私はキリシタンであるがゆえに自害ができないのだ」

やむを得ず、林蔵主は行長を領主竹中重門（たけなかしげかど）のところへ連れていった。

こうして捕縛された行長は、十月一日、三成、安国寺恵瓊（あんこくじえけい）らとともに大坂・堺を引き回されたのち、京都六条河原で処刑された。享年四十三。なお、西軍の敗将のなかで斬首されたのは、この三名のみである。

行長の死後、家康はその妻子にまで罪を連座させることはなかった。しかし、毛利輝元のもとに身を寄せた当時十二歳の嗣子は、輝元の命によって首を刎ねられている。また、宗義智（そうよしとし）の正室であった娘マリアは戦後に義智から離縁されたが、長崎の修道院に匿（かくま）われ、慶長十年（一六〇五）に病死した。

大谷吉継

再起を誓い、戦場から離脱した二人の息子

慶長五年（一六〇〇）六月十六日、徳川家康による会津征討が決定されると、大谷吉継もこれに従うべく、一千の兵をもって居城である敦賀城を出立した。

七月十一日、吉継が美濃垂井まで進軍したときのことである。近江佐和山城に蟄居していた親友石田三成から城へ招かれた吉継は、そこで家康打倒の兵を挙げることを打ち明けられた。

吉継はこれに驚いた。「二百五十六万石の大大名である家康と敵対しても勝ち目はない、無謀だ」と条理を尽くして三成を説得しようとした。また、自分が家康に従軍しようとしたのは、三成と家康との関係を改善するためだとも説いたのである。

しかし、三成はこれを聞き入れなかった。

三成の意志が決して変わらぬことを悟ると、吉継は説得を諦め、三成とともに討死する覚悟を固めた。そして三成にこう忠言したのである。

「貴殿は到底人の上に立つ器ではない。もし挙兵するのであれば、毛利輝元殿や宇喜多秀家殿を盟主として仰ぐべし。貴殿はその下につき、表立って行動しないほうがよい」

親友として、三成のことを本当に案じているがこその忠告であった。

「知勇を兼ね備え、世の人々から賢人と称された」といわれるように、吉継は武将としてよりも、官僚として秀吉の政権を支えた。そのため、必然と三成と行動をともにする機会が多かった。

九州征討・小田原攻めの折には三成とともに兵站奉行を務め、朝鮮の役においても船奉行をともに任されている。また、秀吉の天下統一後に行なわれた太閤検地でもやはり検地奉行をともに務め上げたのである。

同じ仕事をこなすなかで、二人はお互いの能力を認め合い、親しく誼を通じるようになったのではないかと考えられる。

一説に、吉継は病魔（ハンセン病とされる）によって顔がただれ、常に白い布で顔を覆っていたという。諸将はそんな吉継を気味悪がって遠ざけるようになったが、三成だけは変わらずに接した。ある日、大坂城で秀吉主催の茶会が開かれることになり、吉継もこれに列席した。茶会では一つの茶碗をみなで回し飲みするのであるが、吉継が口をつけると、誰もそれを飲もうとはしなくなった。しかし、三成だけは違った。三成は吉継から茶碗を受け取ると、残りの茶を一息に飲み干してしまったのである。これに吉継は感激し、二人は刎頸（ふんけい）の交わりを結んだともいわれる。

吉継、壮絶な最期

病魔に冒され、関ヶ原の合戦の頃にはほとんど視力が失われていたというが、それでも吉継は九月十五日の決戦に際して、本隊六百、与力戸田重政、平塚為広が率いる部隊一千、嫡男吉勝の部隊二千五百、二男頼継の部隊一千を率いて臨んだ。それに加え、西軍として参戦した脇坂安治、朽木元綱、赤座直保、小川祐忠の四隊総勢四千二百を指揮下に置き、裏切りの疑いがある松尾山の小早川秀秋隊一万五千余に備えた。

正午、あらかじめ懸念していたように、秀秋が裏切り、大谷隊に襲いかかる。これは吉継にとって予想の範疇であり、脇坂以下四隊をこれにあて、その前進を防ごうとした。しかし、肝心の四隊が、突如として反転。大谷隊に襲いかかってきたのである。

なんとかこれに抵抗する吉継であったが、多勢に無勢、ついには耐え切れず、総崩れとなってしまった。

もはや武運は尽き果てたと悟った吉継は、敵に自らの首を取られまいとして、ひそかに自害を遂げた。享年四十二。

吉継の首は、側近の湯浅五助によって埋められたが、その五助もまた、東軍方の藤堂仁右衛門と戦い、討死した。五助は、今わの際、仁右衛門に頼みごとをした。

「この近くに吉継様の首を埋めた。しかし、決して他言はしないでくれまいか」

仁右衛門は敵ではあったが、家康から問い詰められても、武士の情けとしてこのことを絶対に話さなかった。家康はそんな仁右衛門の態度をあっぱれと賞したと伝わる。

戦後、仁右衛門は吉継の首が埋まっている塚に五輪塔を建立し、また、その傍らに五助の墓もつくってやったともいう。そして毎年二人の供養を欠かさずに行なったということである。

さて、吉継の子の動向に目を向けると、西軍の敗戦後、嫡男吉勝は無事に戦場を離脱している。諸国を流浪したのち、慶長十九年（一六一四）、秀頼の招きに応じ、浪人衆を百人ほど引き連れて大坂城へ入った。大谷家の再興を懸けて大坂の陣に臨んだ吉勝であったが、元和元年（一六一五）五月七日、天王寺口の戦いにおいて戦死を遂げた。次男頼継もまた、兄とともに戦場を離脱し、再起を図ったが、病没した。なお、この二子は吉継の実子ではなく、養子だったともいわれている。

また、吉継には娘竹林院がおり、真田信繁の正室となっている。関ヶ原の合戦後、九度山への蟄居を命じられた信繁に従い、竹林院も九度山に移った。竹林院は二人の男子（幸昌、守信）と三人の女子（あぐり、阿菖蒲、おかね）をもうけている（詳細は真田信繁の項を参照。63ページ）。

増田長盛

優柔不断の態度の末に下された所領没収という処分

石田三成とともに、五奉行として豊臣政権を支えた増田長盛が秀吉に仕えたのは天正二年（一五七四）のこと。ちょうど秀吉が長浜城を築いた頃のことである。

長盛が秀吉に仕えたきっかけは明らかではないが、当初はわずか二百石に過ぎなかった。しかし、小牧・長久手の戦いで手柄を立てて二万石へと加増されると、小田原攻めの戦後処理や明国の使者の応接役、伏見城の工事など豊臣政権の年寄（五奉行）として活躍し、文禄四年（一五九五）には大和郡山城二十万石を与えられるまでに出世を遂げた。

関ヶ原の合戦では、三成とともに西軍の中心人物として名を連ねている。しかし、長盛は内心去就を決めかねていた。

三成のもとへは家臣の高田小左衛門を陣代として兵を送るに留まり、自身は三千の兵を率いて大坂城へ入った。名目は豊臣秀頼の警護である。しかしその裏では、大坂城の様子を家康に知らせていた。東西双方にいい顔をしていたのである。事実、陣代として送り込まれたはずの高田小左衛門もまた、関ヶ原の本戦には参加していない。

戦後、長盛は家康のもとへいち早く使者を送り、謝罪を申し入れた。

しかし、家康はこれを許すことはなかった。いくら情報を提供していたとはいえ、長盛は三成とともに西軍の戦犯であったからである。ただし長盛の行動に免じて命だけは助けることとし、所領没収のうえ、高野山への追放という処分を下したのであった。

その後、武蔵岩槻城主高力忠房の預かりの身となった長盛は慎ましく暮らしていたが、元和元年（一六一五）の大坂夏の陣の際、嫡男盛次が大坂方についたことで、長盛の人生は終わりを告げることになる。

もともと盛次は豊臣秀次に仕えていたが、秀次と秀吉との関係が悪化すると、秀吉の命で家康の家臣となった。その後は家康の九男で尾張藩主徳川義直に仕え、三百石を与えられた。慶長十九年（一六一四）の大坂冬の陣の際には徳川家の臣下として義直に従い、徳川方として参戦している。しかし、盛次は大坂方が苦しめられている状況に我慢がならなかった。そこで義直に大坂城に行きたい旨を告げると、これを許され、徳川家を出奔した。また、このとき長盛もこれを了承し、息子を送り出したという。

元和元年（一六一五）五月六日、盛次は長宗我部盛親隊の一員として、八尾の戦いに臨んだ。だが、藤堂高虎の将磯野行尚との一騎打ちの末、最期を遂げたと伝わる。

盛次が死んだとの報は、すぐさま長盛のもとへ届けられた。長盛はこれを知ると、自らも切腹して果てた。享年七十一。

長束正家

やむを得ず西軍に与し、この世に散った能吏

慶長五年（一六〇〇）七月十七日、徳川家康の打倒を決意した石田三成は、家康を弾劾する書状『内府ちがいの条々』を全国の諸大名に向けて発給した。そこに名を連ねたのは、長束正家、増田長盛、前田玄以の三人の奉行衆である。こうして三成の呼びかけに応じて家康打倒に立ち上がった大名の軍勢は総勢で十万余。正家も千五百余の兵を率いて、参戦している。

しかし、正家はもともと家康に近づこうとしていた。

五奉行の一人として事務の面から秀吉の覇道を支えた正家は大変計算能力に優れ、判断力に長けていたといわれる。関ヶ原の合戦を前にして、正家は家康の勝利を予期していたのだろう。

六月十六日に会津征討のため大坂城を離れた家康は、十八日、近江の常楽寺（西寺）に宿泊した。深夜、その寝所をそっと訪れる者があった。正家である。正家は鉄砲二百挺を家康に献ずると、翌日に居城水口城で饗応させてもらいたい旨を申し出、約束を取りつけた。天下分け目の合戦を前に、動静を冷静に見ていた正家は、いち早く家康に従うという

恭順の意思を示したのである。

しかし、正家が帰るや、家康お抱えの甲賀忍者の一人がどこからともなく現われて、家康にそっと耳打ちした。

「正家は水口城で殿の暗殺を企てております」

じつは、正家の知らぬところで子の正邦（まさくに）と家臣らが家康を暗殺しようとしていたのだという。

家康はこれを聞くや、夜のうちに寺を脱し、水口城下を通り抜けて土山宿へと急いだ。

これに驚いたのは正家である。なぜか家康が我が城下を素通りしてしまった。知らぬ間に失態を働いてしまったのではあるまいか。十九日、正家は土山宿の家康のもとを訪れたが、取りつく島もなく、追い返されてしまった。ここに、正家の東軍参戦への道は断たれ、西軍に与する以外の選択肢は無くなったのである。

九月十五日、西軍として本戦に臨んだ正家は、毛利秀元（ひでもと）、吉川広家らとともに南宮山の麓に陣取った。しかし、東軍に内応していた広家が軍を動かさなかったために、正家もまた動くことができず、期せずして傍観を決め込む形となってしまったのであった。

西軍が総崩れとなると、正家は軍を返し、水口城へ帰還した。攻め寄せる東軍方を前に籠城戦に持ち込もうとした正家であったが、城を包囲した池田長吉（いけだながよし）の説得に応じ、開城した。

しかし、家康は正家を許さなかった。

切腹を命じられた正家は、十月三日、弟直吉（なおよし）とともに自刃した。享年三十九と伝わる。

その首は、京都三条橋にてさらしものとされた。

生き残った妻と子

正家の妻は、家康の重臣本多忠勝の妹栄子である。正家が水口城で籠城した際、栄子は正家の傍にいたが、身重であった。落城前、そんな栄子の身を案じた正家は家臣に命じてそっと城を脱出させる。家臣の家に匿われた栄子はここで男子を出産するが、産後の肥立（ひだ）ちが悪く、そのまま帰らぬ人になってしまったという。

その後、遺児は仏道に入り、寛永二年（一六二五）、水口大徳寺の三世還誉（げんよ）上人となった。そして亡き母の菩提を弔うため、還誉は大徳寺の北にあった地蔵堂を改築し、そこを「栄照寺」と号した。また、還誉は三代将軍・徳川家光と親交が篤く、家光はたびたび大徳寺を訪れては親筆を残している。

吉川広家

その後の子孫を待ち受けた冷遇の日々

毛利元就の子・吉川元春の三男広家が、病死した兄の遺言により家督を継いだのは、天正十五年（一五八七）のことである。

このとき、すでに当主輝元は豊臣秀吉への臣従を誓っており、毛利家は豊臣家の臣下として中国地方百二十万石という広大な所領を保っていた。広家もまた、秀吉の養女を正室に迎え、隠岐ほか十四万石を与えられている。

秀吉の晩年の慶長三年（一五九八）、輝元が豊臣家五大老に任ぜられていることを見ても、秀吉の輝元への信頼が篤かったことがわかる。豊臣政権下、毛利家の屋台骨が揺らぐことはなかったのである。

しかし、秀吉の死後、情勢は一変する。石田三成と徳川家康の対立が表面化すると、輝元がなんと西軍の総大将として担がれてしまう。その背後には、禅僧安国寺恵瓊の存在があった。

恵瓊は元就の時代から毛利家に仕えた政僧で、おもに諸大名との交渉ごとを担当した。秀吉の中国遠征の際、毛利家と秀吉との講和をまとめたのも恵瓊である。

恵瓊は三成と親しい関係にあった。そのため三成が反徳川の挙兵に踏み切ると、恵瓊は輝元に働きかけ、西軍につくことを決意させたのである。そうして輝元は、さっさと大坂城へ入ってしまった。

この輝元の行動に、広家は大いに焦った。毛利家が家康と戦う理由はまったくない。それどころか、家康と戦ったところで到底勝ち目はないと考えたためである。

父元春が元就の覇業を助け、毛利家を中国地方の大大名へと導いたのに対して、広家の戦いは、「毛利宗家をいかに守るか」ということに心砕かれたのであった。

そこで広家は、黒田長政を仲介として、家康に内通した。

「こたびの件は恵瓊が勝手に進めたことであり、主輝元には徳川家と戦う意思などまったくございません」

これに対して家康は「輝元殿とは兄弟のごとき親しき仲であるゆえ、輝元殿が出馬した由、不審に感じていたが、治部（三成）の謀反に関与していないと聞き、嬉しく思う」との返書を認めたうえ、「毛利八ヶ国の所領は保証する」との起請文を広家に下したのであった。

これで毛利宗家は安泰である――広家はほっと胸を撫で下ろしたことであろう。

認められなかった岩国藩

ところが関ヶ原の合戦後、広家のもとに届けられたのは、毛利家を改易するという家康の沙汰だった。輝元と西軍方との結託を証明する書状が見つかったことが、その理由である。ただし、広家の活躍は見事であったため、周防・長門二ヶ国が与えられることとなった。

戦前に交わした約束は、こうして家康によって反古にされてしまった。

「謀られたか――」

広家は愕然とした。

しかし、嘆いてばかりもいられない。なんとか毛利宗家の血脈を保つため、家康に必死に訴え出た。

「輝元には一切叛意(はんい)などはございません。何卒、毛利の家名を残してくださいますよう、伏してお願い申し上げます。輝元が処罰され、私だけが栄達に甘んじるなどということは、到底面目の立つことではございません。どうか私に下さるという所領は、輝元にお与え下さいませ」

さしもの家康も、この広家の誠意に心を打たれた。そして慶長五年（一六〇〇）十月十日、輝元に周防・長門二ヶ国を与え、毛利宗家の存続を認めたのであった。

こうして毛利宗家の血脈を見事に守った広家は、その後輝元から周防玖珂郡三万五千石を与えられ、岩国城に移住した。岩国藩の誕生である。

広家は寛永二年（一六二五）九月、岩国で没するが、その生前は三万石を領しながらも、毛利家からは分家ではなく、無位無官の家臣として扱われた。本藩内では自治を許されて支藩と同格に取り扱われたものの、幕府に対しては陪臣（将軍から見て諸侯の家臣）であると称されたのである。諸侯に列することを許されなかったのは、広家が東軍に与したためだといわれる。

一方で、幕府の待遇は諸侯並で、二代広正の時代から将軍への拝謁が許され、また、江戸に屋敷を構えることも認められている。

このような変則的な岩国の支配は、なんと幕末まで続いた。しかし大政奉還後の明治元年（一八六八）、新政府が岩国藩を独立した藩であると認めたことで、ようやく吉川氏は悲願の大名に列することができたのであった。

毛利輝元

幕末に花開いた無能な三代目の血脈

毛利輝元という人は、どうにも無能な人物であったようである。永禄六年（一五六三）、芸州吉田の一豪族の身の上から中国地方の覇者となった祖父元就の後見を得て、弱冠十一歳で家督を継いだ輝元であったが、実権は元就が握っていた。元就が死の間際に子らに語ったといわれる「三本の矢」の逸話は創作に過ぎないが、あまりにも凡庸な輝元の将来を見兼ね、他家へ養子に出した小早川隆景（たかかげ）、吉川元春に毛利家の行く末を託したかったのはまちがいないだろう。

元就の死後、豊臣秀吉に臣従を誓った輝元は、豊臣政権下、中国地方八ヶ国百二十万石の所領を安堵され、五大老の一人にも選ばれた。

しかし、元就が危惧したとおり、輝元は毛利家を窮地に追い込むことになる。慶長五年（一六〇〇）七月、石田三成が反徳川家康の旗印を掲げると、輝元はなんと西軍の総大将に祭り上げられてしまう。これとて、天下の趨勢を見通せなかった輝元の無能ゆえの失態である。

この情けない輝元を救ったのは、元就が頼りにしていた元春の三男広家だった。広家はこの戦に毛利家の将来はないと考えるやいなや、家康とひそかに誼を通じ、毛利家の存続を図る手立てを講じていったのである。

九月十五日の本戦時、石田三成からの再三に渡る出兵要請にもかかわらず、輝元は大坂城を離れることはなかった。

合戦は西軍の敗北に終わる。それでもまだ大坂城には豊臣秀頼と輝元がおり、大坂城を根城として東軍方に抵抗することもできた。しかし、輝元がそれをすることはなかった。徳川方から「毛利家に咎はなく、大人しく城を出れば一切の処分はしない」との書状が届けられたからである。輝元はこれを鵜呑み（うの）みにし、さっさと大坂城を退去、自領へ戻ってしまった。

総大将たる人物の行動とは思えず、残念ながら元就の武勇はまったく受け継がれなかったようである。

幕末、明治維新を主導した長州藩

戦後、輝元を待ち受けていたのは改易という処遇だった。さらに家康は輝元を処刑しようとしていたといわれる。しかし、広家が決死の覚悟で助命を乞うたため、輝元の命は救われ、また、周防・長門三十六万九千石が毛利家の所領として与えられることになったの

毛利家略系図

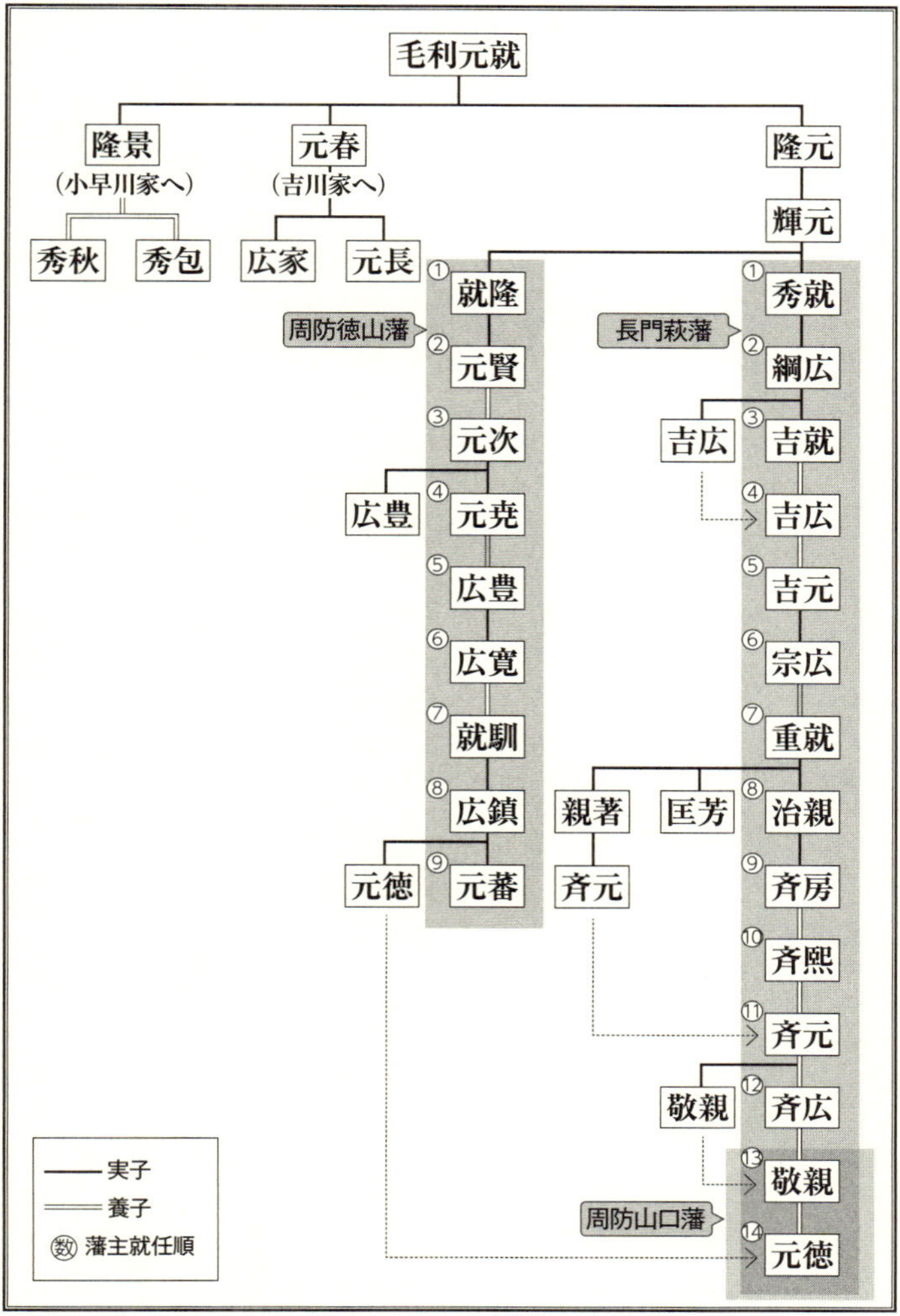
毛利元就
隆景
（小早川家へ）
秀秋
秀包
元春
（吉川家へ）
広家
元長
隆元
輝元
周防徳山藩
①就隆
②元賢
③元次
広豊
④元堯
⑤広豊
⑥広寛
⑦就馴
⑧広鎮
元徳
⑨元蕃
長門萩藩
①秀就
②綱広
吉広
③吉就
④吉広
⑤吉元
⑥宗広
⑦重就
親著
匡芳
⑧治親
斉元
⑨斉房
⑩斉熙
⑪斉元
敬親
⑫斉広
⑬敬親
周防山口藩
⑭元徳
実子
養子
数 藩主就任順

である。

こうして毛利家は、なんとか家督を保つことができたのであった。敗戦の責を取って出家した輝元に代わり、家督は嫡男秀就（ひでなり）が継ぎ、萩を居城として萩藩（長州藩）が成立した。それでも輝元は後見として実権を握り、慶長五年（一六〇〇）、養子秀元に長門国長府三万六千石（長府藩）、元和三年（一六一七）には次男就隆（なりたか）に周防国下松三万石（のち徳山に移り徳山藩）と支藩を成立させた。祖父元就同様、一族のつながりをもって、毛利家の安泰を企図したのだろう。寛永二年（一六二五）四月二十七日、輝元は七十三年の生涯を終えるが、秀就に対して家の繁栄と取り潰しについて何度も何度も口うるさく語ったと伝わる。

一方、急激な石高の減少は藩の財政を直撃し、長州藩はしばらく厳しい生活を余儀なくされた。こうした苦しみはすべて徳川幕府の横暴によるものであると記憶され、それが幕末の反幕の気風につながっていった。

幕末、幕府の権威が失墜していくなかで、尊皇攘夷（そんのうじょうい）の急先鋒となった長州藩は、十三代敬親（たかちか）の時代に朝廷から倒幕の密勅を得、薩摩藩とともに幕府を滅亡へと追いやったのである。

小早川秀秋

晩年は酒に溺れ、家を滅ぼした「日本一の裏切り者」

日本一の裏切り者——これが後年、小早川秀秋に与えられた評価である。

通説に従うと、合戦当日まで秀秋は東西両軍どちらにつくか、去就に迷っていた。早くから家康への内応を約し、「上方で二ヶ国を進上する」という条件を提示されていたものの、石田三成らからも「秀頼公が成人するまで関白職に任じ、天下の政を譲り渡す」「筑前・筑後に加え、播磨を進上する」といった誘いをかけられていたのである。そのため秀秋自身、なかなか決断を下すことができずにいた。

慶長五年（一六〇〇）九月十五日午前八時、東西両軍の決戦の火蓋が切って落とされる。しかし、秀秋は動かない。

両軍ともに一進一退の攻防を繰り返し、開戦から四時間ほどが経過した正午過ぎでも、死闘が繰り広げられた。しかし、まだ秀秋は動かなかった。

これに業を煮やした徳川家康は、松尾山への威嚇射撃を命じ、秀秋に脅しをかける。これに驚いた秀秋は東軍へ与することを決し、松尾山の麓に陣取る大谷吉継隊への攻撃を命じたのである。これが呼び水となって、西軍は総崩れとなり、ついには壊滅したのであった。もっとも、大乱戦となっていた戦場にあって威嚇射撃の音が聞こえたのか、そもそも射撃の音が鳴り響く戦場にあってそれがどうして家康のものと区別がついたのかといった疑問も呈されている。

謎めく秀秋の行動

秀秋は、じつは当初から東軍へつくことを決めていたのだと考えられている。七月二十一日の伏見城攻めに際して秀秋は西軍として参加しているが、当初は東軍として伏見城へ入り、守将鳥居元忠(とりいもとただ)らとともに西軍と対峙するつもりだったという。しかし、鳥居に入城を拒まれたため、やむなく攻城軍に加わったというのである。

八月二十八日には、東軍の黒田長政が浅野長政と連署で家康へ忠節を尽くすよう書状を送っており、九月三日、八日には秀秋自身、家康に使者を送っている。

一方、このような秀秋の行動から、三成や吉継は秀秋が裏切るのではないかということを予見していた。もともと松尾山には、毛利秀元ら中国勢を配置する予定だったという。松尾山は戦場となった関ヶ原一帯を見通せる要地であったためである。しかし十四日午後、秀秋が松尾山に陣取ってしまう。これにはさしもの三成も焦ったはずで、だからこそ、破格の条件を提示したのであった。

当初は東軍として参戦する予定であったのに、天下の政治を司ることができるという西軍の条件に秀秋の心は揺れ動く。

合戦当日、秀秋がなかなか動き出さなかったのは、情勢を見極めていたからであったという見方もある。つまり、東西両軍どちらが優勢かをぎりぎりまで見極め、ここぞという機をうまく突いたのである。一般的には優柔不断な優男のイメージが強い秀秋であるが、このような見方に立つと、たんに凡将という言葉だけでは片付けることができない秀秋像が浮かんでくる。

ともあれ、秀秋の動きが東軍に勝利をもたらしたことは確実であった。そのため秀秋は、筑前・筑後三十三万石から備前・備中・美作（みまさか）五十七万石へと大幅に加増されたのである。

しかし、その後の秀秋はただ何をするでもなく、ひたすら酒に溺れた。施政を顧みることもなく、遊興に耽る秀秋を諫めた家臣を上意討ちにしてもいる。

そして関ヶ原の合戦からわずか二年後の慶長七年（一六〇二）十月十八日、二十一歳という若さでこの世を去るのであった。秀秋には子がなかったため、これにて小早川家は改易となっている。

小早川家が再興したのは、明治時代に入ってからのこと。毛利本家が明治政府に懇願し、本家から養子を出すことが許されたことで、小早川家の命脈が復活したのである。

脇坂安治

合戦最中の裏切りで守った所領

「賤ケ岳の七本槍」の一人に数えられる脇坂安治であるが、同じく七本槍に挙げられている加藤清正、福島正則と比較すると、若干小物感は否めない。しかし秀吉のもと、着実に軍功を重ね、天正十三年（一五八五）十月、小牧・長久手の戦いでの功績により、淡路洲本三万石を与えられた。

秀吉没後は、ほかの武断派の将と同じく、石田三成との折り合いの悪さから、徳川家康に近づいた。しかし、安治が思うように事態は運ばなかった。

慶長五年（一六〇〇）六月十六日、家康は会津の上杉征討のため、大坂を出立した。このとき、安治は家康への忠誠心を示すため、子の安元を従軍させようとしたが、これは果たせなかった。石田三成が阻んだためである。やむなく大坂に留まる安治に、またしても予想だにしない出来事が起こる。三成が挙兵し、それに巻き込まれてしまったのである。

三成は瞬く間に大坂における主導権を握った。これに敵する者は誅殺されてしまうかのような雰囲気が蔓延したため、安治はやむを得ず、表向きは西軍に与することを誓ったのであった。その一方で、藤堂高虎を通じて家康への内応を約することも忘れなかった。

いざ合戦にあたり、安治は朽木元綱、小川祐忠、赤座直保とともに大谷吉継の部隊に組み込まれることになったが、ひそかに四人で語らい合い、寝返りの機をうかがっていた。九月十五日正午頃、その機が訪れる。松尾山に陣取っていた小早川秀秋が西軍を裏切り、大谷隊に押し寄せてきたのである。とこの機に乗じて安治も突然反転し、味方だった吉継の部隊に襲い掛かった。吉継隊を瞬く間に打ち崩したこの裏切りをもって、合戦の大勢は一気に東軍へと決したのであった。戦後、安治は所領の安堵に留まったが、慶長十三年（一六〇八）九月、伊予大洲五万三千石に加増転封され、大洲藩初代藩主となった。元和元年（一六一五）には家督を安元に譲り、京都で隠居生活に入っている。そしてそのまま、寛永三年（一六二六）八月六日に最期の時を迎えた。享年七十三。

大洲藩二代藩主となった安元は、元和三年（一六一七）、信濃飯田五万五千石へと移封。その子安政（やすまさ）の時代の寛文十二年（一六七二）、五万三千石で播磨龍野へ入封し、その後も龍野藩における脇坂家の支配は続いた。九代安宅（やすおり）は老中にまで出世を果たし、大老井伊直弼（いいなおすけ）の政務を補佐している。しかし、桜田門外の変で直弼が暗殺された責任を取り、辞職した。安宅の隠居後、養子の安斐（やすあや）がその跡を継ぎ、明治維新を迎えた。なお安斐の父は、津藩主藤堂高猷（たかゆき）である。

真田昌幸

不遇な配所暮らしのなかで最期まで見続けた下山の夢

慶長五年（一六〇〇）の関ヶ原の合戦の際、信濃の真田氏では父子、兄弟がそれぞれ東西両軍に分かれ、戦ったことはよく知られる。昌幸と次男信繁（幸村）は西軍、長男信之（信幸）は東軍である。血肉を分けた親子がなぜ敵対しなければならなかったのか。それもひとえに、真田家のためであったといわれる。すなわち、どちらが勝っても真田家の存続は図れるからである。結果として、真田の家名は松代十万石に封ぜられた信之によって存続されたのであった（137ページ）。

昌幸という人物は、時流をよく見極める先見性に優れた武将だった。武田信玄の麾下真田幸隆の三男として生まれた昌幸が、信玄の側近として仕えたのはわずか七歳のときのこと。その将才から、「我が両眼のごとき者である」と信玄に言わしめている。

天正三年（一五七五）五月、兄二人が相次いで戦死したことで真田家の家督を継いだ昌幸は、天正十年（一五八二）三月に武田家が滅亡すると、その後はいかに我が家を存続させるかということにただ心を砕いた。

北条氏直、織田信長、上杉景勝、再び北条氏直、徳川家康、豊臣秀吉と、武田家滅亡か

らじつに六度も主君を変えている。狡猾ともいえるまでの保身術で戦国の乱世を巧みに生き抜き、信濃上田の発展拡大に成功したのであった。

慶長五年（一六〇〇）七月、家康の会津遠征に従い、下野犬伏まで軍を進めていた昌幸は、そこで石田三成挙兵の報を受けると、信之、信繁とともに今後の動きについて話し合った。そして昌幸、信繁は西軍、信之は東軍として参戦することになったのである。

上田城に戻った昌幸は、信繁とともにただちに戦備を整えると、東山道を西上する徳川秀忠率いる三万八千の大軍を、わずか二千の兵をもって引きつける。戦いは九月六日から繰り広げられたが、昌幸はゲリラ戦術をもって秀忠勢を翻弄。十一日に至り、秀忠が城攻めを諦め、上田城を後にしたことで、昌幸の関ヶ原は終わった。これによって秀忠が十五日の本戦に間に合わず、家康から大目玉を喰らったことは周知の事実である。

不遇の晩年

関ヶ原の合戦後、昌幸は家康から死を命じられた。しかし、信之が自分の恩賞に代えてでも命を助けてほしいと家康に嘆願したため、昌幸は死を免れ、高野山へ追放された。慶長五年十二月十三日のことである。時に昌幸、五十四歳。

一年余、真田郷の宿坊蓮華定院に蟄居したのち、山麓の九度山村に屋敷が完成したので、そちらへ移った。

昌幸は六十五歳で没するまでそこで流人としての生活を送ったが、蟄居中の身とはいえ、その生活はかなり自由なものだったようだ。山や川で狩りを気軽に楽しむこともできたという。

しかし、従者なども含めた大所帯での生活は苦しかったようで、昌幸はたびたび国許へ金子を無心する手紙を送っている。「借金が多く、今年は立ち行かなくて困っている」との文言も見えるので、相当困窮した暮らしを送っていたのだろう。

そんな生活のなかでも、昌幸は、数年もすれば赦免がかない、下山の沙汰が下されると考えていた。国許へ送った書状のなかにも「我らの下山の日は近づいている」などといった文言が記されている。

しかし、一向に下山の沙汰が下されることはなく、ただ無為な時間だけが過ぎていった。昌幸の身体にも次第に老いが蝕（むしば）み、信之に宛てて「何をするにも根気なく、疲れ果ててしまった」と愚痴とも言える言葉を残している。

慶長十六年（一六一一）六月四日、昌幸は六十五年の生涯を終えた。不便な配所暮らし、そして抗うことのできない老いが、昌幸の気骨を奪っていったのであった。

真田信繁

家康の心胆寒からしめた大坂城攻防戦

一般に真田幸村という名が知れ渡っている信繁の妻は、石田三成の盟友・大谷吉継の娘である。徳川家康の重臣本多忠勝の妻を娶り、東軍につくことを決した兄信之と同じように、信繁には西軍につくべき大義があった。実際、犬伏における父子三人の会談において、西軍に与することを主張する信繁と、東軍への従属を譲らない信之との間で激しい口論が交わされたと伝わる。

ともあれ父昌幸とともに西軍として参戦した信繁は、戦後、父とともに九度山での蟄居生活を余儀なくされた。このとき、信繁は三十四歳であった。

慶長十六年（一六一一）六月四日に父が亡くなると、父に従っていた家臣の多くは信之のもとへと走った。

「このまま配所でむなしく朽ち果てねばならぬのか——」

そう考えていた矢先、信繁のもとへ一筋の希望の光が差し込んだ。慶長十九年（一六一四）十月、豊臣秀頼の使者が九度山を訪れ、大坂城への入城を勧めてきたのである。

この頃、豊臣家では徳川家康との一戦に臨むべく、各地の諸将に働きかけ、軍備を整えていた。いわゆる大坂の陣である。

信繁にとって、これは大きな転機であった。名を残さぬまま無駄に死に行くことは耐えがたい。それであれば、武将として選ぶべき道は一つであり、しかも敵が徳川家康となれば相手に不足はない。

信繁は豊臣方に与することを決するや、手勢百余を連れて九度山を去り、大坂城へ入った。十月十日頃のことであった。

真田、大坂城に入城せり——。

この報が家康のもとへ届けられたとき、家康は声を震わせながら「親か、子か」と聞いたと伝わる。使者が「倅の左衛門佐（さえもんのすけ）（信繁）でございます」と答えると、家康の身体からは一気に力が抜け、「なんじゃ」と安堵したという。

昌幸でなければ恐るるに足らぬと思ったのであろう。しかし、このときの家康の判断は誤りであったことを、このあと身をもって知ることになるのである。

大坂城入城後、信繁はまず大坂城の南、三の丸の外側に張り出すように出城を築いた。俗に真田丸と呼ばれる。北に淀川、東に平野川などの小河川、西に海を擁する大坂城にあって、南は平坦な地勢であり、確実に徳川方はここに押し寄せるであろうという判断によるものであった。

十二月四日、五千の兵を率いて真田丸を守る信繁のもとへ、徳川方の前田利常、井伊直孝、藤堂高虎、松平忠直らが襲いかかる。敵兵が城壁に取りつくと、信繁はそれらに銃撃を浴びせかけていった。このとき、前田隊三百騎、松平隊四百八十騎を討ち取ったと伝わる。この戦いにより、信繁の武名は天下に轟くこととなった。

家康も戦前の自身の判断が誤りだったことを悟り、大坂冬の陣の講和後、信繁を自軍に加えるべく、あらゆる手立てを講じた。恩賞として十万石を与える、信濃一国を与えると約したともいう。しかし、信繁はこの誘いには乗らなかった。

「流浪の身でありながらも我が身をお抱えくだされた秀頼公の恩義を裏切ることはできませぬ」

一人の武士として、義に殉ずることを決したのである。

信繁の最期とその子孫

翌元和元年（一六一五）五月、冬の陣の講和後、総堀を埋め立てられ、裸城となった大坂城で再び戦いの火の手が上がる。大坂夏の陣である。

信繁は五月六日、道明寺口の戦いで伊達政宗勢を撃ち破ると、翌七日、わずかな手勢を引き連れて茶臼山に陣取っていた家康の本陣への突撃を敢行した。まともに戦っても到底大坂方に勝利の芽はないが、家康を弑すれば、そこで勝敗は決する。

「狙うは家康の首、ただ一つである！　我に続け！」

一時は家康の旗本を総崩れに追い込み、家康をあわやというところまで追い詰めた信繁であったが、多勢に無勢、やがて押し返され、ついには戦死した。享年四十九。

さて、信繁には四男七女、計十一人の子どもがいた。

その主だったところを見ていくと、嫡男幸昌は大坂夏の陣の際、大坂城で自害を遂げたが、次男守信は大坂の陣後、姉阿梅が伊達家家臣片倉家に嫁いでいた縁で同家に匿われ、片倉守信と称して仙台藩に仕えた。その子辰信の時代の正徳二年（一七一二）に信繁の罪が許され、真田姓を名乗ることを許されている。この家系は仙台真田家として続き、代々、仙台藩士として伊達家へ奉公した。

七女おかねは、大坂の陣後、京都の茶人宗林（石川貞清）の妻となっている。宗林は関ヶ原の合戦で西軍に与したため、戦後、所領尾張犬山を没収されたが、茶人・商人として生きることを許された人物だ。石庭で有名な京都龍安寺・大珠院に信繁夫妻の墓を築いたのは、この宗林である。なお、大珠院は非公開であり、墓を見ることはできない。

織田信雄

大名に返り咲いた信長の二男

天正十年（一五八二）六月二日、本能寺において織田信長が明智光秀に討たれた。これにより、天下の趨勢は織田から豊臣へ移り、さらに関ヶ原の合戦を経て、徳川へと移行した。

すっかり傍流へと成り下がった織田家の血脈であるが、それでも江戸時代、大名四家を輩出している。そのうち二家、上野国小幡藩と大和国松山藩の大名を送り出したのが、信長の二男信雄（のぶかつ）の家系である。

信雄が父信長の訃報に接したのは、居城である伊勢松ヶ島城にいた折のことであった。このとき、長兄信忠も亡くなっていたため、順番からすれば信雄がその跡を継いでしかるべきだった。信雄自身、当主となるべく画策するも、それは果たせなかった。結局秀吉の策により、信忠の遺子三法師（秀信）が次期当主となったためである。信雄はもともとの所領伊勢・伊賀に加え、亡き兄の遺領尾張を継承するに留まった。

しかし、やがて秀吉との反目の末に所領を没収されてしまう。大名から転落した信雄は剃髪して出家、常真（じょうしん）と号すが、家康の取り成しもあって秀吉に許され、御伽衆として秀吉の傍に仕えるようになった。

なお、文禄三年（一五九四）には子の秀雄（ひでかつ）が秀吉から越前大野郡四万五千石を与えられているので、信雄の家系は一応再興を果たしている。

ところが、慶長五年（一六〇〇）の関ヶ原の合戦において、再び信雄は没落を余儀なくされる。信雄自身去就を迷っていた最中、秀雄が西軍に与してしまったのである。戦後、信雄・秀雄父子は所領を没収されてしまい、信雄は大坂で謹慎生活を送ることとなった。

江戸時代、大名家として存続

慶長十九年（一六一四）十月に大坂冬の陣が勃発すると、信雄の運命は大きく動くこととなる。

蟄居中の信雄のもとには、豊臣秀頼方から大坂城への入城を勧める書状が幾通も届いた。一説に、大坂方では宿老片桐且元（かたぎりかつもと）を弑したのち、信雄を執権の地位に祭り上げようとする動きがあったという。しかし信雄はこれを固辞するとともに、家康と戦うことがいかに無謀かを説いたが、それが受け入れられることはなかった。九月二十八日、信雄は信長の長女で、徳川信康（家康の長男）の正室だった岡崎殿に子どもたちを預けると、自身は戦に巻き込まれぬよう、そそくさと京都龍安寺へと逃亡した。

織田信長家略系図

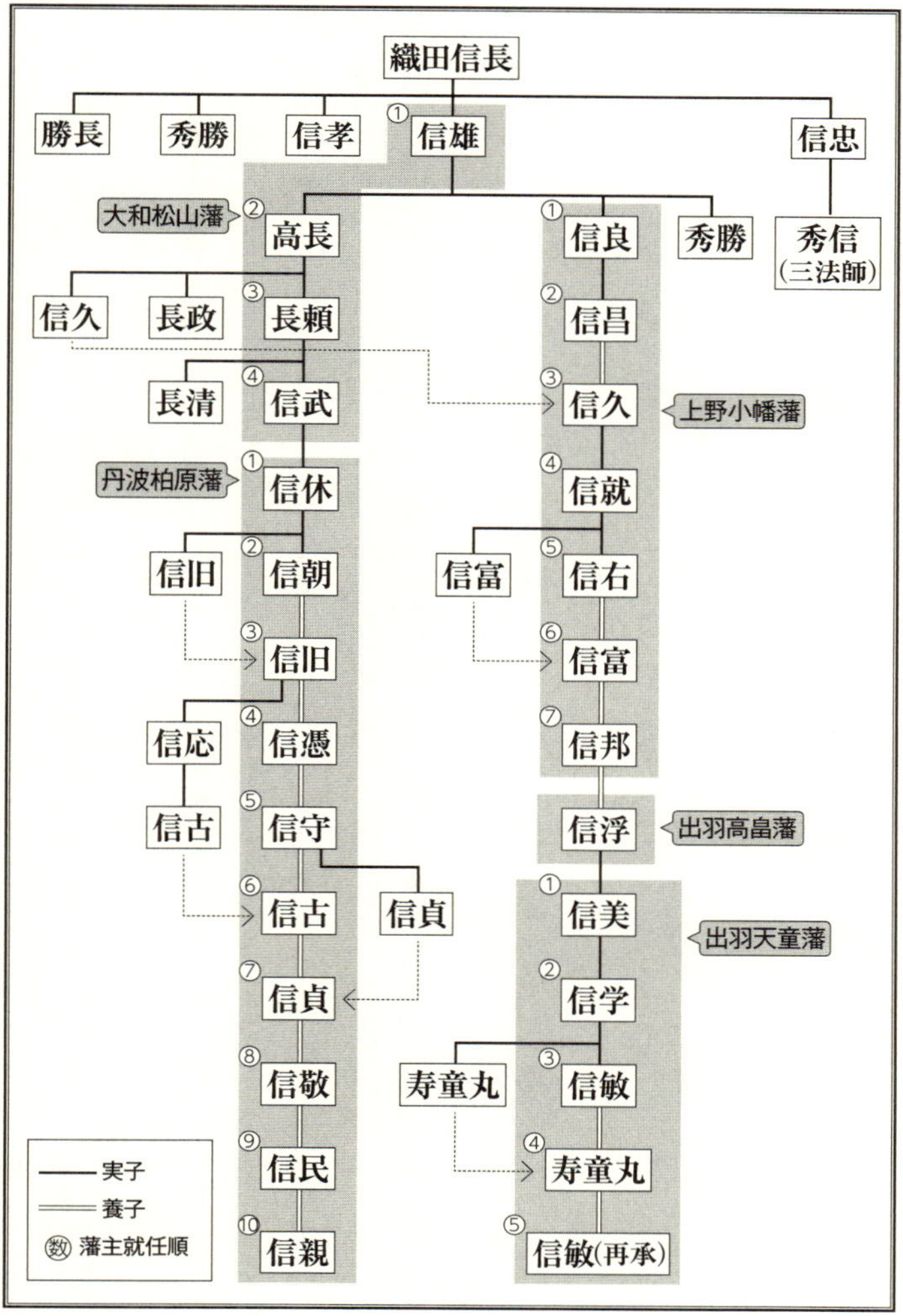

織田信長
勝長
秀勝
信孝
①
信雄
信忠
大和松山藩
②
高長
①
信良
秀勝
秀信
(三法師)
信久
長政
③
長頼
②
信昌
長清
④
信武
③
信久
上野小幡藩
丹波柏原藩
①
信休
④
信就
信旧
②
信朝
信富
⑤
信右
③
信旧
⑥
信富
信応
④
信憑
⑦
信邦
信古
⑤
信守
信浮
出羽高畠藩
⑥
信古
信貞
①
信美
出羽天童藩
⑦
信貞
②
信学
⑧
信敬
寿童丸
③
信敏
⑨
信民
④
寿童丸
⑩
信親
⑤
信敏(再承)
実子
養子
数
藩主就任順

家康は、この信雄の行動を多大に評価した。そして豊臣家滅亡後の元和元年（一六一五）七月、信雄は家康から大和宇陀、上野甘楽・多胡・碓氷四郡五万石を与えられたのである。ここに、信雄は再び大名に返り咲くことができたのであった。

信雄は宇陀郡松山に居を定めたが、それでも京都を離れることはなく、寛永七年（一六三〇）四月三十日、京都北野屋敷で亡くなった。享年七十三。

信雄の死後、所領は二つに分割された。すなわち上野国三郡二万石を四男信良が相続し（小幡藩）、大和国宇陀郡三万石余を五男高長が相続したのである（松山藩）。

その後、小幡藩では七代信邦の治世下、重臣吉田玄蕃と儒学者山県大弐が江戸城攻撃を題材として兵学談義を行なったことで処罰を受け（明和事件）、信邦もそれに連座して強制的に隠居を迫られた。信邦の実弟信浮が養子となり、その跡を継ぐことになったが、出羽高畠藩二万石へ移封された（のち天童藩）。

一方、松山藩でも元禄七年（一六九四）、四代信武が家老二人を殺害し、自身も自害を遂げるという事件を起こす（宇陀騒動）。改易は免れたものの、嫡男信休は二万石へ減封のうえ、丹波国氷上郡（柏原藩）への転封となった。

紆余曲折はあったが、その後二藩とも幕末まで信雄の血筋が続いている。

織田秀信

秀吉への恩義から西軍についた信長の孫の末路

本能寺の変後、信長の跡を継いだのは、嫡男信忠の子で、当時わずか三歳の三法師であった。その背後には、秀吉がいた。秀吉が信長の後継者を決める会談で、「筋目を立てるのであれば、信忠様の遺児三法師様が適当である」と主張したのである。必然と秀吉は三法師の後見となり、着実に勢力を増強していった。天正十六年（一五八八）、岐阜城へ移った三法師は九歳で元服。秀吉から一字をもらい、秀信と称した。文禄元年（一五九二）には岐阜十三万石を与えられている。こうして秀吉の政権下、大名に列し、従三位中納言に進んだ秀信であったが、織田家に政権が戻ることはなかった。

慶長三年（一五九八）八月十八日に秀吉が没すると、それに代わって勢力を伸長した徳川家康は、慶長五年（一六〇〇）六月十六日、諸大名に出兵を呼びかけ、会津の上杉征討に出立した。このとき、秀信もこれに従軍しようとしている。家康に味方しようというわけではなく、この戦いが豊臣家の旗印のもと行なわれたためだ。幼少の頃に織田家の家督を継げたのは秀吉のおかげであり、秀信自身、秀吉を実の親のように感じていたのである。

しかし、秀信が会津征討に参加することはなかった。軍旅を美麗なものにしようと軍備に無駄に時間をかけたため、なかなか出発することができなかったのだという。とそこへ、石田三成の使者が岐阜城を訪れた。「美濃・尾張両国を与えるから自軍に味方してほしい」というのである。亡き祖父の所領を与えられるのは魅力的であり、また、秀吉への恩義から、ここに秀信は西軍として参戦することを決意したのであった。

　慶長五年八月二十二日、岐阜城へ攻め寄せる東軍の池田輝政、福島正則らに対し、秀信は果敢にも城から出て、これらを迎え撃った。しかし、池田輝政の部隊に敗れ去り、秀信は岐阜城への帰還を余儀なくされた。こうして岐阜城での籠城戦を迎えた秀信だったが、二十三日、東軍方の激しい攻囲を前に、秀信の周囲にはわずかな供回りが残るばかりとなってしまった。事ここに至り、秀信は弟秀則とともに自害を図ろうとした。しかし福島正則の説得により、秀信は降伏、開城することを決意。上加納の円徳寺に入り、剃髪した。

　戦後、正則は秀信が信長の嫡流であることを訴え、助命を家康に嘆願した。家康もこれを認めたため、秀信は命だけは助けられることになった。その後、高野山へ送られた秀信は、慶長十年（一六〇五）五月八日、同地で生涯を終えた。享年二十六。

　伝承は、また違う結末を教えてくれる。かつて信長が高野聖（こうやひじり）を迫害した過去を持つことから、秀信は高野山へ入ることを許されず、やむなく山麓の向副（むかそい）村で蟄居生活を送ることとなった。秀信は村人たちから親切にされ、やがて村の娘と結婚。一子をもうけたと伝わる。

佐竹義宣

外様大名の鑑たる「天下一の数奇者」

常陸国五十四万五千八百石を治めた佐竹義宣（よしのぶ）は、石田三成と親交を篤くしていた。義宣が秀吉に臣従を誓ったのは天正十八年（一五九〇）の小田原攻めの際のことであるが、それを取り成したのはほかでもない三成だった。また、所領への侵攻を繰り返す伊達政宗の横暴を秀吉に訴えたとき、政宗の非が認められて無事所領の安堵に至ったのも、三成の尽力の賜物であった。豊臣政権下にあって、義宣は羽柴姓を賜ったり、五大老に次ぐほどの所領を安堵されたりと恩恵に預かること大であったが、それもひとえに三成の働きかけがあったからであり、義宣は三成に対して多大な恩を感じていた。そのため、関ヶ原の合戦に際しては、次のような発言をなしている。

「かつて私は、三成に恩を受けた。いま、彼に危険が迫ろうとしているが、私は身命を賭してでも彼を救おうと思う」

この二人の関係は周知のことであったので、家康も義宣との戦いに備え、その動向を見張らせている。ところが、肝心なときに義宣は動かなかった。

慶長五年（一六〇〇）六月六日、家康は会津の上杉征討を諸将に命じた。このとき義宣は、陸奥仙道口から会津に攻め入る手はずとなっていた。七月二十四日、家康が小山に着陣。この報に接した義宣は、一万の兵を率いて水戸城を出立したが、水戸と小山のちょうど中間辺りの真壁まで進むと、突然兵を引き返し、水戸城へ戻ってしまうのである。これは、三成と上杉景勝との密約を受け、機を見て東軍を挟撃するためであったからだという。しかし、小山から西上する徳川勢の背後で上杉勢が動く気配はなく、義宣もまた、水戸城から一歩も出ることはなかった。そしてそのまま、合戦の終幕を迎えたのである。

久保田藩の成立

戦後、義宣に代わり、佐竹家のためにいろいろと画策したのは父義重(よししげ)であった。義重は合戦が終わるや、すぐさま家康に対して戦勝を祝う使者を派遣した。そればかりでなく、自ら大坂城へ出向き、直接謝罪を表明している。家康による論功行賞は十月十五日から始まったが、佐竹家への沙汰はなかなか下されないまま慶長七年(一六〇二)を迎えることになった。その年の三月、父に押し切られ、義宣はようやく大坂城で家康と対面した。このとき家康は義宣の煮え切らない態度に対して苦言を呈したが、義宣は改易を免れ、常陸水戸から出羽久保田(秋田)十八万石(のち二十万五千八百石)への減封となった。

こうして秋田に移った義宣は、幕府への忠節を守りながら、久保田城の築城と城下町の整備に取り組んだ。このとき、義宣は天守も石垣も設けなかった。これは幕府への配慮であり、自らの忠誠心を示すパフォーマンスでもあった。このことを耳にした家康は、「まこと佐竹義宣ほど律儀な者もおるまい」と義宣の行動を称えたという。

晩年は、自ら「天下一の数奇者」と豪語するほど傾倒した茶の湯や能楽を楽しむ日々を送った。一見、頼りない殿様のように映るかもしれないが、江戸時代の初期、まだ幕政の基盤が固まっておらず、徳川の監視の目が厳しかった時代にあって、義宣のような人物は、まさに外様大名としての理想的な姿であったといえる。家康も義宣を警戒することはなかったであろうし、これにより佐竹家の安泰が図られたといっても過言ではあるまい。

寛永十年(一六三三)正月二十五日、義宣は江戸で病死した。享年六十四。

その後、久保田藩では七代義明(よしはる)の代に「佐竹騒動」と呼ばれる御家騒動が勃発した。財政の窮乏に伴い、義明は銀札を発行することで財政の健全化を図ったが、逆にインフレを巻き起こす事態となってしまい、失敗に終わってしまう。これを受けて宝暦七年(一七五七)、家中は銀札の推進派と反対派に二分されたが、義明は推進派の者どもを大量に処分することで、なんとか事態を収めることに成功したのであった。このように紆余曲折はあったものの、義宣が守った佐竹家の血脈は、幕末まで久保田藩に存続した。

九鬼嘉隆

失われてしまった父祖伝来の本拠

伊勢・志摩を根城とする海賊・九鬼（くき）氏の名が一躍戦国の乱世に轟いたのは、織田信長に仕えた嘉隆（よしたか）の時代である。天正六年（一五七八）十一月、信長の石山本願寺攻撃の際、最新鋭の鉄甲船六隻を擁した嘉隆は、当時最強の名をほしいままにしていた毛利水軍六百艘を木津川沖で撃破。織田方を勝利に導くとともに、この戦いを契機として戦国一の水軍へとのし上がったのである。

戦功により、信長から志摩・鳥羽三万五千石を与えられた嘉隆は、信長の死後は豊臣秀吉に従い、九州・小田原征討、文禄・慶長の役に従軍。そして慶長二年（一五九七）、子の守隆（もりたか）に家督と鳥羽城を譲り、隠居生活に入った。このとき、嘉隆五十六歳、守隆二十四歳。しかし、時代は嘉隆に安穏たる日々を送ることを許してはくれなかった。

父は西軍、子は東軍へ

慶長五年（一六〇〇）六月、徳川家康が会津征討に赴くと、守隆はこれに従軍する。石田三成が挙兵したのちは義兄を人質として家康に差し出し、忠誠を誓った。

一方嘉隆のもとには、再三に渡り三成から加担を迫る使者が訪れた。隠居であることを理由に断り続けた嘉隆であったが、徳川方の稲葉道通（いなばみちとお）の居城・伊勢岩出城を攻めることを条件に、ついには西軍につくことを決意した。当時、稲葉の船隊が通行税を納めず、勝手気ままに志摩沖を航行していた。志摩一帯を治める嘉隆にとって、これは許しがたい行為だったのである。また、守隆が家康に与したことを知り、九鬼氏の血筋を残すためにあえて子と敵対する道を選んだともいわれる。西軍についた嘉隆は、まず鳥羽城から守隆の守兵を追い出すと、八月下旬、岩出城に攻め寄せた。しかし城をおとすことはできなかったため、鳥羽城へと引き返している。とそこへ、志摩に戻ってきた守隆から城の明け渡しを求める使者がやってきたが、嘉隆はこれに応じなかった。

　事ここに至り、やむを得ず守隆は鳥羽城に向けて進軍する。このとき、嘉隆は鳥羽城を脱し、田代城へ入ったため、守隆も矛先を田代城へと変えた。おそらく、九鬼家の本拠である鳥羽城を戦火に巻き込みたくなかったという思いがあったことだろう。さらに嘉隆は、攻め寄せる守隆勢に対して空砲で応じた。子を思う父の気持ちか、はたまたあらかじめ父子間で示し合わせていたのかは定かではないが、両者とも本気で戦おうとはしなかった。

　九月十五日、西軍が敗れたという報が入ると、嘉隆はすべてを覚悟した。船に乗り、九鬼氏ゆかりの島々を巡ったのち、鳥羽沖に浮かぶ答志島（とうしじま）に上陸。そして長年自分に付き従ってきた家臣と別れの宴を催すと、十月十二日、洞仙庵（とうせんあん）で自害を遂げた。享年五十九。

何も知らない守隆は、ただひたすら父の助命を家康に嘆願していた。戦功により、それまでの鳥羽三万石に加えて伊勢二万五千石の加増が沙汰されたが、父の命を助けていただけるのであればと加増の辞退を申し出たのである。さしもの家康も、守隆の父を思う情に心打たれ、嘉隆が関ヶ原の本戦に出ていないということで、赦免状を発給した。

これに喜んだ守隆は、急ぎ父のもとへ使者を派遣した。しかし、すでに嘉隆は命を絶っていた。父の最期を知った守隆は泣き叫び、父の死を看取った近習（きんじゅ）たちを追及した。

「この不届き者めらが！」

そう言うや、近習たちを皆殺しにしたと伝わる。

その後、守隆は鳥羽五万六千石を領した。しかし守隆が寛永九年（一六三二）に没すると、三男隆季（たかすえ）と五男久隆（ひさたか）の間で家督争いが勃発する。幕府の裁定により、久隆は三田（さんだ）藩三万六千石、隆季は綾部藩二万石にそれぞれ移封された。こうして御家騒動の結果、九鬼氏は父祖伝来の本拠である鳥羽の地を失ってしまうのである。一説に、幕府が九鬼氏の水軍を恐れたための謀略であったともいわれる。

それでも、両藩とも九鬼家が幕末まで続き、戊辰戦争ではいずれも新政府軍に与している。明治十七年（一八八四）、九鬼家は子爵に列せられた。

京極高次

裏切りの籠城の末に勝ち取った最大の栄誉

鎌倉時代以来の武家の名門である京極家は、室町時代、守護として北近江を治めていた家柄である。しかし、戦国の乱世のなかで元家臣の浅井氏に北近江の領国支配権を奪われてしまい、衰亡した。浅井氏の滅亡後、京極高次の時代になり、妹竜子（松の丸殿）が豊臣秀吉の側室となったことで、ようやく再興を果たしている。

高次は秀吉のもと、数々の戦場に馳せ参じて功を挙げ、また高次の妻お初は秀吉の側室淀殿の妹であったこともあり、文禄四年（一五九五）には大津六万石を領するまでになった。これもひとえに高次の実力であったが、世の人は高次を「蛍大名」と呼び、ののしった。つまり高次の出世は、妹と妻の尻の光の賜物だといわれたのである。

しかし、高次は自身の力でその汚名を返上する。

秀吉の没後、畿内の要衝である大津城に目をつけた徳川家康は、大津城主高次に接近した。そして大津城の修築費用として、白銀三十貫目を与えたという。高次はこの家康の心配りに深く感じ入ったようで、「（家康様の）向島の御館は要害の地ではないので、何か事が起きた場合は大津城に入られるとよろしいでしょう」と家康に申し出たほどであった。

慶長五年（一六〇〇）六月、家康が会津征討に赴いた際には、大津城を宿所として提供している。このとき、高次は家康と内応の約束を交わしたと伝わる。

とはいえ、妻・お初の姉淀殿との関係から、高次としてもそう簡単に西軍を裏切ることはできなかった。結局、当初は西軍に属する形で北国に出陣したが、家康が大軍を率いて西上中であるとの報に触れると、九月三日、突如として高次は軍を返して大津城へ戻り、三千の兵をもって籠城したのである。

これに対して石田三成は、立花宗茂（むねしげ）や小早川秀包（ひでかね）ら一万五千の軍勢を大津城へ送り込んだ。

大津城における攻防戦は、九月八日に始まった。高次もよく粘ったが、十四日夜、開城を決意。十五日早朝、高次は城を明け渡すと、剃髪して高野山へ落ち延びていった。

この日は、関ヶ原の合戦当日にあたる。西軍方一万五千の兵を引きつけた高次の功績には多大なものがあり、家康もこれを賞した。そして大津六万石から若狭八万五千石への加増転封となったのである。のち近江七千石が加えられ、計九万二千石となった。

各地に広がる京極家の血筋

慶長十四年（一六〇九）、高次が死去したのち、嫡男の忠高（ただたか）がその跡を継いだ。忠高は二代将軍秀忠の四女・初姫を妻とし、出雲・隠岐二十四万四千余石へと加増転封された。

忠高と初姫の間には子がなく、忠高は弟の高和（たかかず）を養育して跡継ぎにすることを望んだ。だが、幕府の許しを得る前に亡くなってしまったため、高和を末期養子とすることは認められず、領地は没収されてしまった。ただし、高次の戦功が考慮されて高和に播磨六万石が与えられたことで、京極家の家系はなんとか存続することができた。その後、高和は万治元年（一六五八）に讃岐丸亀六万石へと移封され、幕末まで京極家が丸亀藩を治めた。

なお、高次の弟高知（たかとも）もまた、関ヶ原の合戦で東軍についたことで、戦後、丹後宮津十二万三千石へと加増転封されている。高知の死後は、嫡男高広、三男高三（たかみつ）、甥高通（たかみち）が遺領を分割継承し、それぞれ丹後宮津藩、丹後田辺藩、丹後峰山藩の藩主となった。

高広が継いだ丹後宮津藩は、子高国のときに親子不和を理由として改易となっている。

高三が継いだ丹後田辺藩は、三代高盛の時代に但馬豊岡三万五千石への転封となった。豊岡藩四代高寛（たかのり）の時代に無嗣改易の危機に陥るが、一万五千石に減封することで三代高栄（たかよし）の次男高永（たかなが）への相続が認められ、家系を幕末までつなげることができた。

高通が継いだ丹後峰山藩は、その後も京極家が当主を務め、幕末を迎えている。

長宗我部盛親

御家再興に懸けたすさまじいまでの執念

長宗我部盛親が、父元親から家督を継ぎ、土佐二十二万石を領したのは慶長四年（一五九九）五月、二十五歳のことだった。

元親には四人の子どもがあり、盛親は四男である。通常であれば盛親に家督を継ぐ権利はないが、元親は盛親をとくに可愛がっており、早くから自分の後継に据えたいと考えていた。元親が盛親を正式に自分の後継とすることを決めたのは天正十六年（一五八八）頃のことであったといわれる。このとき、すでに長男信親、次男親和は亡くなっていた。

しかし、三男親忠は健在だった。盛親が家を継いだところで、親忠が反発するのは目に見えていた。そこで元親は死の間際の慶長四年三月、親忠を幽閉した。もともと愛情を抱いていなかったこともあったが、元親が親秀吉派であったのに対し、親忠が徳川家康と親しくしていた藤堂高虎と昵懇の関係にあったことも、元親にとっては気に入らなかったのである。

こうした御家騒動の末に当主となった盛親は、まず家中の統制に心を砕くが、そのような慌しい状況下、関ヶ原の合戦が勃発する。

このとき、盛親のもとには東西両軍から誘いの声がかかった。じつは盛親が元服したとき、その烏帽子親となったのは豊臣家五奉行の一人増田長盛だった。「盛」という字も、長盛から与えられたものである。そうした関係もあって、当初盛親は長盛が与した西軍につこうと考えたが、重臣たちの意見は家康に与すべしというものだった。

長考の末、盛親が下した結論は、東軍として参陣するというものであった。早速盛親は家臣を家康のもとへ派遣した。

しかし、家臣は近江国水口で石田三成の手の者に捕らえられてしまう。しかもあろうことか、西軍につくよう説得されておめおめと帰ってきてしまったのである。

ここに、盛親の命運は尽き果てた。

こうして西軍として参戦せざるを得なくなった盛親はわずか千六百余の手勢を率いて、決戦の地へと向かったのであった。

西軍の一員として安濃津城攻めに加わったのち、盛親は毛利秀元、吉川広家ら毛利方とともに美濃へ転進。毛利方が南宮山に陣取ったため、盛親はその後備として南宮山の東南麓、栗原の地に陣を布いた。

だが、前もって東軍と通じていた吉川広家が動かなかったことで、盛親もまた陣を動かすことができず、そのまま合戦の終局を迎えたのであった。

長宗我部家再興をかけた大坂の陣

戦後、盛親は井伊直政を通じて家康に詫びを入れようと、家臣立石助兵衛（たていしすけべえ）らを残して帰国した。しかし直政が直に面会して謝罪すべきであると言ってきたため、盛親は上坂し、家康に直接謝罪をすることにした。

その直前、幽閉中の親忠が殺害された。一説に、関ヶ原の合戦で西軍が敗れたことを知った親忠は、藤堂高虎を通じて長宗我部家の存続を願い出た。家康はこれを認め、親忠に土佐半国を与える旨を約したという。盛親はこれを伝え聞くや、親忠を自刃に追いやったのである。

ところが、このことが盛親の身を破滅させることになった。親忠を殺害したことを聞いた家康は怒り、「不義である」として盛親に死を命じたという。なんとか直政が取り成してくれたため、盛親は死を免れることができたが、土佐国は没収。ここに、長宗我部家は滅亡したのである。

土佐を追われた盛親は浪人となって京都に入り、剃髪して大岩祐夢（たいがんゆうむ）と号した。そして柳（やなぎ）之辻子（がずし）に居を構えると、そこで寺子屋を開いて近隣の子どもたちに勉学を教えたという。

そのような生活は、十四年ほど続いた。しかし、盛親は長宗我部家を再興するという夢を諦めたわけではなかった。いつか家康に許される時が訪れることを、ひたすら待ち続けていたのである。

そんな折の慶長十九年（一六一四）、再び戦火が起こることとなった。大坂の陣である。このとき、大坂方からの誘いの使者が盛親のもとを訪れた。参戦の暁には土佐一国を与えるという条件付きであった。盛親にとって、これほど嬉しい誘いはなかった。こうして盛親は、土佐二十二万石への復帰を懸け、十月七日、五千の兵を従えて大坂城に入ったのである。

冬の陣では、家康の本陣茶臼山に対して三の丸の八丁目口を守るという役割を与えられたために活躍することはできなかったが、夏の陣では藤堂高虎の部隊をあわやというところまで追い詰めている。

しかし、徳川方を前に大坂城は落城。盛親は豊臣秀頼の死には殉じず、再起を期して逃亡した。御家復興に懸ける盛親の執念が伝わってくるが、結局、京都八幡近くに潜んでいるところを捕らえられ、元和元年（一六一五）五月十五日、六条河原で斬首された。享年四十一。

盛親には五人の息子がいたが、大坂の陣後、みな殺されている。ここに、盛親の嫡流は途絶えた。

立花宗茂

改易されながらも大名への復帰を果たした武門の誉れ

関ヶ原の合戦で西軍に与し、所領を没収されながらも、再び十万石の大名に返り咲いた武将は二人いる。一人は丹羽長重、そしてもう一人は立花宗茂である。

宗茂は、大友家の重臣で筑前国岩屋城主の高橋紹運の長男として生まれる。同じく大友家の重臣であった立花道雪に男子がなかったため、宗茂は道雪に請われる形で道雪の娘誾千代の婿となり、立花家を継ぐこととなった。

宗茂が豊臣秀吉に臣従したのは、九州征討に際してのことである。武門の誉れ高く、武勇に優れていた宗茂は秀吉からとくに目をかけられ、筑後四郡十三万二千石を与えられた。

こうして秀吉直属の大名に取り立てられた宗茂は秀吉からの恩義を忘れず、関ヶ原の合戦では西軍に与した。

慶長五年（一六〇〇）九月三日、大津城に籠城する京極高次を攻めるよう石田三成から命じられた宗茂は、小早川秀包らとともに大津城を攻める。しかし高次の必死の抵抗にあい、結局城をおとすことができたのは、本戦が勃発する九月十五日のことだった。

本戦に参加できなかった宗茂は西軍敗北の報に触れると、大坂城で毛利輝元と対面、籠城し、徹底抗戦することを主張した。しかし輝元がそれを受け入れずに城を出てしまったため、宗茂も居城柳川城へ帰還した。

宗茂、旧領に復帰す

柳川に戻った宗茂を待ち受けていたのは、城に攻め寄る黒田如水や加藤清正、鍋島直茂らの軍勢であった。

宗茂はここに死を覚悟し、城と運命をともにしようとした。しかし、如水や清正の説得を受けて開城を決意。家康に降伏を申し入れることにしたのであった。その後、家康の裁定によって領土は取り上げられ、宗茂は浪人となった。

厳しい隠遁生活を余儀なくされた宗茂であったが、このとき、宗茂に手を差し伸べてくれたのが清正だった。宗茂の人柄にほれ込んでいた清正は、浪人となった宗茂に一万石の扶持米（ふちまい）を与えたのである。宗茂は非常に人望が篤く、浪人となった宗茂を慕う家臣は百人を下らなかったというから、清正の申し出は非常にありがたいものであった。

また、家康、秀忠もまた、宗茂のことを多大に評価していた。かつては敵対していたとはいえ、宗茂の能力を惜しんだ家康は、慶長九年（一六〇四）、宗茂を旗本として召し出した。そしてその二年後には宗茂に陸奥棚倉一万石を与えたのである。

ここに、宗茂は再び大名に復帰することができた。この処遇は、このあとに控える豊臣家との決戦（大坂の陣）を前に、宗茂が豊臣方につくのを防ぎたかったためだといわれる。のち二万石を加増され、計三万石を領することになった。

その後、大坂の陣における活躍をもって、元和六年（一六二〇）、宗茂は筑後柳川十一万石への加増転封となる。ついに旧領への復帰を果たしたのであった。二十年ぶりに柳川に戻ってきた宗茂を、民は大歓声をもって迎えた。このとき、宗茂五十四歳。感慨深い思いに包まれたことであろう。

寛永十四年（一六三七）秋には七十一歳という高齢で天草・島原の乱の鎮圧に奮戦。往年の武が健在であることを見せつけた宗茂は、その翌年四月三日、家督を嫡男忠茂（ただしげ）に譲り、隠居した。

晩年は茶を楽しむ日々を送り、寛永十九年（一六四二）十一月二十五日、この世を去った。享年七十六。

宗茂の家系は、その後、明治維新まで柳川藩主として続いた。

最後の藩主鑑寛（あきとも）は戊辰戦争で新政府軍に与した功績を称えられ、戦後、明治新政府から賞典禄五千石を与えられている。

丹羽長重

十万石の大名へと返り咲いた大逆転の晩年

丹羽長重が父長秀の所領越前・加賀・若狭百二十三万石を継いだのは、天正十三年（一五八五）四月のことである。このとき長重はわずか十五歳であり、広大な所領を治めるだけの器量を持ってはいなかった。同年、越中の佐々成政（さっさなりまさ）が秀吉に叛旗を翻すと、長重は秀吉の命を無視して佐々に味方したとして越前と加賀を没収され十五万石に減封。さらに天正十五年（一五八七）、秀吉の九州征討の際には家臣の軍律違反を理由として若狭国までをも没収されてしまい、加賀松任四万石とされた。長年丹羽家に仕えていた溝口秀勝、長束正家、村上義明といった重臣たちもみな、長重のもとを離れていった。

一説にこれは、丹羽家の力を削ぐために秀吉が難癖をつけたともいわれるが、長重にそれを跳ね除けるだけの力がなかったのもまた、事実である。

しかし、長重はこれに耐え忍び、秀吉に忠実に仕え続けた。小田原の役、朝鮮の役などにも参陣して忠節を示すと、文禄四年（一五九五）には加賀国石川・能美両郡に八万五千石余を加増され、加賀小松城主として計十二万五千石を領するまでになった。秀吉の死後は、「太閤様の恩義に報いる」という理由で西軍方に与した。所領を奪われたことを決して恨みに思うことはなく、豊臣家の臣下としての立ち位置を崩さなかったのである。

慶長五年（一六〇〇）の関ヶ原の合戦では、長重は東軍方についた隣国の前田利長（としなが）と戦火を交えた。八月九日、加賀南部に侵攻していた前田利長が金沢へ帰還している間隙を突き、丹羽勢はその殿軍（でんぐん）に攻撃を仕掛ける（浅井畷（あさいなわて）の戦い）。しかしすぐさま前田軍本隊が取って返したため、戦場は大混乱に陥った。八月二十二日、両者の間で講和が締結され、長重は小松城へ、利長は金沢城へと戻り、こうして北陸における関ヶ原の幕は閉じた。

幕末まで幕府に忠節を尽くした丹羽家

戦後、長重は家康から改易・蟄居を命じられた。城を出た長重はひとまず山城の鳥羽へ移り、翌年、徳川家の命によって江戸の芝高輪に居を構えた。しかし、そんな長重のもとへ、思いもかけぬ朗報が舞い込む。慶長八年（一六〇三）二月、常陸国古渡に一万石を与えるという沙汰が下されたのである。

これもひとえに、徳川秀忠による取り成しのおかげであった。二人は小田原の役のときに意気投合し、兄弟の契りを交わしたと伝わる。また、家康自身、小田原の役の際に長重が大軍を指揮している姿を見て、父長秀を超える器量を持つ武士だと高く評価していた。そのため、秀忠が長重を救うことを良しとしたのである。

再び大名となった長重は、大坂の陣では徳川方として活躍。元和三年（一六一七）正月、その功績をもって秀忠の御伽衆（おとぎしゅう）の一人に加えられ、元和五年（一六一九）には一万石を加増される。元和八年（一六二二）には棚倉五万石、寛永四年（一六二七）には陸奥四郡の内に十万石が与えられ、白河城主となった。ここに、いったんは所領のすべてを失った長重だったが、再び十万石の大名へと返り咲くことに成功したのであった。

　寛永十四年（一六三七）十二月、長重は六十七歳でこの世を去った。関ヶ原の戦いで失領した大名は九十家以上にのぼるが、大名に返り咲いたのは数家で、十万石を超えたのは立花宗茂と丹羽長重の二人だけである。臨終の際、長重は「将軍の恩に感謝し、幕府第一を考え、閣僚たちと親しく付き合え」と遺言を残している。

　長重の死後、丹羽家の家督は嫡男光重（みつしげ）が継いだ。寛永二十年（一六四三）には白河から陸奥二本松十万石へと移封され、そのまま廃藩まで丹羽家が二本松藩を治めた。

　幕末にあっても、丹羽家の幕府への忠節に変わりはなかった。明治元年（一八六八）には奥羽越列藩同盟の一員として新政府軍と戦った。だが、二本松城は新政府軍の猛攻を前に炎上した。このとき、十三歳から十七歳の少年兵六十二名が「二本松少年隊」として戦うも、そのうち十四名が戦死するという悲劇にも見舞われている。なお、十代藩主長国（ながくに）は落城前に米沢藩へ逃亡。九月十日、二本松藩は新政府軍に降伏した。

直江兼続

最期まで上杉家に殉じた忠義の人

豊臣秀吉の死後、日に日に勢力を拡大していく徳川家康に対して喧嘩を売った――直江兼続を語るうえで、まずこのエピソードを外すことはできない。

問題は、慶長五年（一六〇〇）春、上杉景勝が会津領内の諸城、道路の改修、新城の築城に乗り出したことにあった。家康はこれを豊臣家への謀反と捉え、景勝に上洛して申し開きをするよう詰問状を発布したのである。

兼続はこれを家康による謀略と見抜き、次のような返書を認めた。

「主君・景勝には謀反の意志などないのだから、申し開きなど必要ありません。また、上洛の件は到底無理であるように仕組まれているものですから、（たとえ上洛しようと思っていても）実行できるものではございません。何よりも裏切り者の言い分を実とし、道理にもとる策謀を巡らせているわけですから対応のしようがありません。ましてや誓紙なども不要かと思われます」

露骨なまでに家康を批判したこの書状は、俗に「直江状」と呼ばれる。家康の会津征討を決定づけたものであるが、肝心の原本は伝わっておらず、後世の偽作であるとの見方が根強い。ただし、これが当時の上杉家中の総意であることにはまちがいはないと思われる。

結局、景勝は家康の上洛命令には応じなかった。兼続は自ら先頭に立ち、家康の会津征討を真っ向から受け止める準備を整えていった。

しかし七月二十五日、石田三成の挙兵の報に触れた家康がそのまま反転して西上したため、会津が戦場となることはなかった。景勝の命を受けた兼続は山形の最上義光（もがみよしあき）領に攻め込むが、九月十五日、わずか一日で東西両軍の戦いの雌雄が決してしまったがために、九月三十日、自領へと撤退している。十二月、景勝は家康に降伏を申し入れた。

上杉家の命脈を保った兼続

慶長六年（一六〇一）七月、家康への申し開きのために景勝とともに上洛し、家康と面会した兼続は、家康に対して悪びれることもなく、こう言い放った。

「内府様に刃向かった咎はすべてこの私一人にございます。内府様のいかなる命にも従います」

結果、兼続の所領米沢三十万石は没収され、そのあとへ景勝が三十万石で入り、米沢藩が成立した。

しかし、もともとが百二十万石の大国であったがゆえに、問題となったのは家臣たちの処遇であった。なかには家臣の減員を主張するものもいたが、兼続はこれに真っ向から反対の意見を唱えた。上杉家に忠節を誓い、尽くしてきた家臣たちを見捨てることはできないというのである。とはいえ、現実として米沢城下での生活は苦しいものになることは目に見えていた。そこで兼続は、まず新たな城下町の建設に取り組んだ。武家屋敷の町割りを改めて再編成するとともに、近郊の農村にまで町域を拡大させたのである。

また、徳川家との良好な関係を保つことにも心を砕いた。嫡男景明（かげあき）がいたにもかかわらず、家康の重臣本多正信の二男政重（まさしげ）を娘の婿に迎えたのである。娘の死後は、実弟大国実頼（おおくにさねより）の娘を養女とし、政重と婚姻させている。

慶長十九年（一六一四）に大坂冬の陣が勃発すると、兼続は景明とともに殿軍を務め、徳川秀忠から感状を賜っている。このように、江戸幕府成立以後、兼続は上杉家の安泰を保つための戦いにただただ奔走したのであった。

しかし元和元年（一六一五）七月十二日、もともと病弱であった景明が江戸で病死。享年二十二。唯一の跡継ぎを失った兼続の心情はいかなるものだったか。

やがて兼続自身も病に冒され、元和五年（一六二〇）十二月十九日、江戸桜田の鱗屋敷で逝去した。最期まで上杉家に尽くした六十年の生涯であった。養子を定めていなかった直江家は、妻お船（せん）が兼続の遺志を受けて家禄を上杉家に返上し、断絶した。

●『直江状』(要約)

一、上洛を引き延ばしているという批判には合点がいきません。度々上洛していますが、また上洛せよと申されるのでしょうか。そうであるのであればいったいいつ領国内の政務をとったらよろしいのでしょうか。ことにこちらは雪国ですので、十月から二月まではどうすることもできません。

一、武具を整備しているという批判ですが、上方では焼き茶碗などを集めるのが流行なのでしょうか。こちらは田舎なので鑓、鉄砲、弓矢を集めているのです。我が国の風俗ですので、ご心配なきよう。

一、道や橋を整備するのは国を治める者としては当然のことです。もし天下に逆心を抱くのであれば、そのような整備はやめて道を塞ぐことでしょう。ご不審ならば使者を遣わしてご覧になられてはいかがでしょうか。

一、逆心の噂が偽りならば上洛せよと申されますが、上方では逆心を企てていても、失敗とわかればすぐに上洛するようですね。恥を顧みずに世を渡るのが当世風ということでしたら、当主景勝にはできかねます。

一、千言万句を費やしてもこちらには逆心はございません。上洛できないようにそちらが仕向けているのではないでしょうか。末代までの恥辱となる謀反などどうして起こしましょうか。ただし内府様が道理に外れたことをなされるのであれば、こちらも誓紙を反古にいたします。

慶長5年(1600)4月14日、直江兼続は徳川家康に対して全16ヶ条からなる一通の書状を認めた(『直江状』)。家康を挑発するような文言が書き連ねられ、家康への果たし状とする向きもある。一方で、偽書説も根強い。

上杉景勝

受け継がれた上杉家栄光の歴史と誇り

生涯独身を貫いた上杉謙信の養子として家督を継いだ景勝は、早くから豊臣秀吉と気脈を通じ、その信を集めた。慶長三年（一五九八）正月十日には、それまでの越後九十一万石から会津百二十万石へと加増転封され、また徳川家康、前田利家、毛利輝元、宇喜多秀家と並び、五大老の一に列せられている。

ところが秀吉の死後、家康の専横が日増しにひどくなり、景勝は豊臣家の未来を憂慮した。そこで慶長四年（一五九九）八月、国づくりを理由として大坂から会津へ帰国すると、有事に備えて軍備の増強に取り組んだのである。

しかし、越後の堀秀治（ほりひではる）がこの景勝の行動を「謀反の企て」があるとして家康に訴え出たため、事態は急展開を迎える。家康が景勝打倒の兵を挙げたのである。これが関ヶ原の合戦の引き金となった。

結局関ヶ原の合戦は家康の勝利に終わり、西軍は敗北を喫してしまう。戦後、西軍に与した景勝は会津百二十万石から出羽米沢三十万石へと大幅減封されてしまった。

●全国を舞台とした関ヶ原の合戦

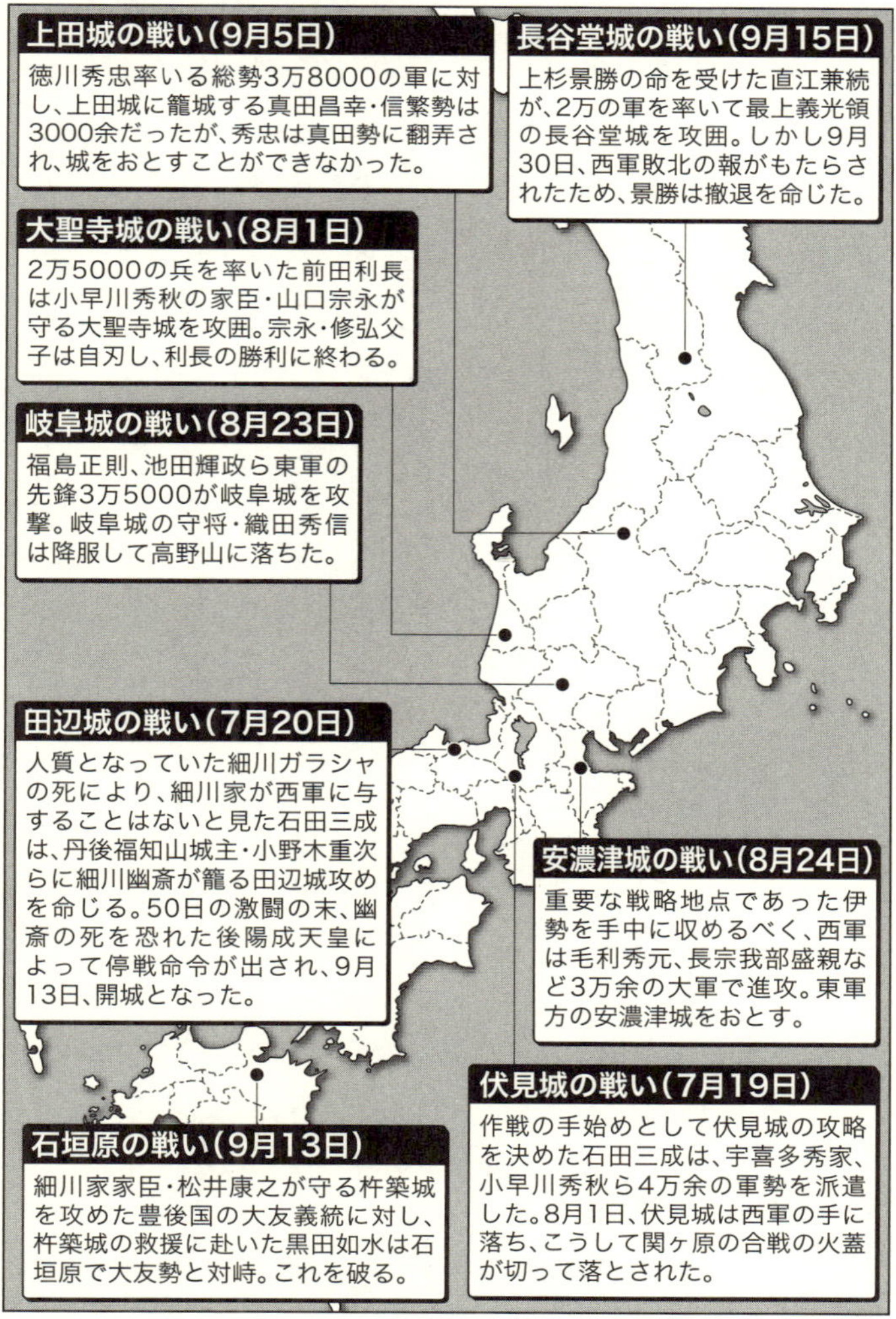
上田城の戦い（9月5日）
徳川秀忠率いる総勢3万8000の軍に対し、上田城に籠城する真田昌幸・信繁勢は3000余だったが、秀忠は真田勢に翻弄され、城をおとすことができなかった。
長谷堂城の戦い（9月15日）
上杉景勝の命を受けた直江兼続が、2万の軍を率いて最上義光領の長谷堂城を攻囲。しかし9月30日、西軍敗北の報がもたらされたため、景勝は撤退を命じた。
大聖寺城の戦い（8月1日）
2万5000の兵を率いた前田利長は小早川秀秋の家臣・山口宗永が守る大聖寺城を攻囲。宗永・修弘父子は自刃し、利長の勝利に終わる。
岐阜城の戦い（8月23日）
福島正則、池田輝政ら東軍の先鋒3万5000が岐阜城を攻撃。岐阜城の守将・織田秀信は降服して高野山に落ちた。
田辺城の戦い（7月20日）
人質となっていた細川ガラシャの死により、細川家が西軍に与することはないと見た石田三成は、丹後福知山城主・小野木重次らに細川幽斎が籠る田辺城攻めを命じる。50日の激闘の末、幽斎の死を恐れた後陽成天皇によって停戦命令が出され、9月13日、開城となった。
安濃津城の戦い（8月24日）
重要な戦略地点であった伊勢を手中に収めるべく、西軍は毛利秀元、長宗我部盛親など3万余の大軍で進攻。東軍方の安濃津城をおとす。
伏見城の戦い（7月19日）
作戦の手始めとして伏見城の攻略を決めた石田三成は、宇喜多秀家、小早川秀秋ら4万余の軍勢を派遣した。8月1日、伏見城は西軍の手に落ち、こうして関ヶ原の合戦の火蓋が切って落とされた。
石垣原の戦い（9月13日）
細川家家臣・松井康之が守る杵築城を攻めた豊後国の大友義統に対し、杵築城の救援に赴いた黒田如水は石垣原で大友勢と対峙。これを破る。

上杉家を襲った御家断絶の危機

名門上杉家の当主として、現状に甘んじることができなかった景勝であったが、以降は直江兼続とともに米沢藩政の基盤固めに尽力した。その甲斐あり、額面上の石高は三十万石であったが、実質五十一万石ほどの石高を生み出すまでに発展を遂げた。

一方で、上杉家の名を残すため、徳川家へ忠誠を誓った。慶長十年（一六〇五）四月には徳川秀忠の将軍宣下の儀に参列し、慶長十九年（一六一四）の大坂冬の陣の際には、豊臣方からの誘いを断り、徳川方として参戦している。このとき、手勢五千を率いて戦いに臨んだ景勝は対峙する大坂方一万二千余を敗走させ、家康から「さすが謙信公の血を引く武将である」と賞賛されたと伝わる。

景勝にとって、この戦いは関ヶ原で被った汚名を晴らす名誉挽回の場であったため、並々ならぬ決意で臨んだ一戦だった。こうして謙信公以来の上杉家の栄光を再び世に知らしめた景勝は、元和九年（一六二三）三月二十日、米沢城で病没した。享年六十九。

その後、米沢藩では景勝の系譜が続くが、三代綱勝（つなかつ）のときに御家断絶の窮地に陥ってしまう。江戸登城の帰途、突然綱勝が原因不明の腹痛に襲われ、わずか二十七歳にして亡くなってしまったのである。綱勝には子がなく、また、急死であったがために養子縁組をす

上杉景勝家略系図

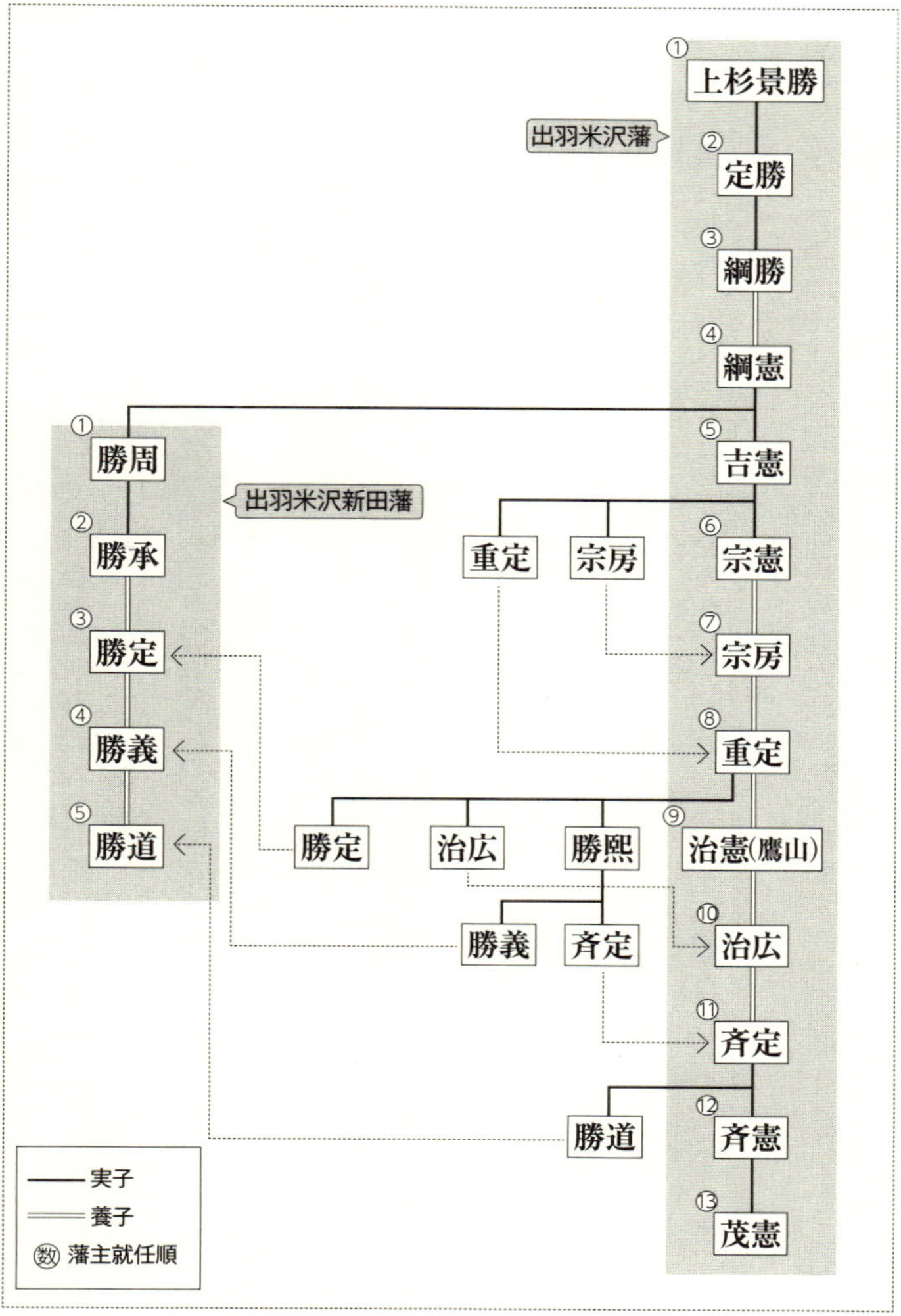
①上杉景勝
出羽米沢藩
②定勝
③綱勝
④綱憲
⑤吉憲
⑥宗憲
⑦宗房
⑧重定
⑨治憲(鷹山)
⑩治広
⑪斉定
⑫斉憲
⑬茂憲
重定
宗房
勝定
治広
勝熙
勝義
斉定
勝道
①勝周
出羽米沢新田藩
②勝承
③勝定
④勝義
⑤勝道
実子
養子
数 藩主就任順

る時間もなかった。死去した大名に子がない場合は改易となる。名門上杉家の命運もこれまでかと誰もが諦めかけたところ、綱勝の最初の夫人の父で、将軍補佐を務めていた会津藩主保科正之が手を回して支援してくれたおかげで、綱勝の妹と高家吉良義央の子三郎（綱憲）を綱勝の生母生善院の養子という名目で跡目を継がせることができた。こうして上杉家の命脈はかろうじて保たれたわけであるが、その代わり禄高は半分の十五万石に減らされてしまった。藩の財政は逼迫するばかりであり、城下町での生活は非常に貧しいものであったと伝わる。

　そんな米沢藩の財政を立て直したのが、名君として名高い九代治憲（鷹山）である。鷹山は倹約令を発すると、自ら率先してそれを実行した。江戸での生活費を七分の一以下に切り詰め、木綿の衣服を常用し、食事は一汁一菜としたのである。また、当時飢饉が多発していたため、鷹山は危急のときに備えて前もって穀物を蓄える備荒制度を充実させた。こうした鷹山の政治により、十一代斉定のときには借金をすべて返済することに成功し、また、天保四年（一八三三）に起きた東北の大飢饉の際、米沢藩では一人の死者も出さずに乗り切ることができたのである。

　十二代藩主斉憲の時代に三万石を加増された米沢藩であったが、幕末、戊辰戦争では旧幕府軍に与したため、戦後、四万石を削られている。

島津義弘

明治維新を成し遂げた勇猛果敢な薩摩の血

中国・明の史書にも「子曼子勢は強悍にして勁敵と称す」と評されるほど、島津義弘は豪胆な勇将であった。

天文四年（一五三五）、島津貴久の二男として生まれた義弘は、家督を継いだ兄の義久とともに大友宗麟や龍造寺隆信といった九州地方の大名たちを撃ち破り、九州全土に島津家の勢力を広げた。しかし天正十五年（一五八七）、豊臣秀吉の九州征伐で敗北を喫し、秀吉に臣従することとなる。このとき、当主義久には薩摩一国、義弘には大隅一国が与えられた。

その後、義弘は義久から家督を譲り受ける形で当主となるが、これは秀吉の策謀によるものであった。義久が反抗的な態度を見せたために秀吉の怒りを買ってしまい、無理矢理隠居させられてしまったのである。そして秀吉がその後釜として当主に据えたのが、義弘だった。

義久はしぶしぶ秀吉の意に従ったものの、内心は豊臣政権に対して嫌悪感を抱いていた。秀吉の死後、それが明確な形となって現れることになる。

慶長五年（一六〇〇）六月、徳川家康による会津征討を機として、豊臣政権は徳川派と石田三成派に分裂した。

このとき、伏見にいた義弘は、家康から伏見城の在番を託された。しかし、かつて秀吉に降伏した際、島津領が安堵されたのは三成の取り成しがあったからであり、義弘は三成に多大な恩義を感じていた。かつ、大坂には嫡男で島津家を継いだ忠恒（ただつね）の妻亀寿（かめじゅ）（義久の三女）が人質となっていたことから、義弘は西軍に与することを決意したのである。

とはいえ、義弘のもとには二百余の兵しかいなかった。そこで国許の義久に対して兵を送るよう催促の使者を遣わしたが、義久はこれを無視した。豊臣政権内部での揉め事に巻き込まれることを避けたためである。

それでも、国許からは義弘の家臣ら、また、分家の島津豊久（とよひさ）が駆けつけたため、総勢千五百余を率いて義弘は本戦に臨んだ。

義弘の部隊は小勢であれこそすれ、決死の勇士ばかりである。そこで島津勢は遊軍として、石田勢が陣取っていた笹尾山の右後方に布陣した。

しかし、島津勢が活躍する機会は訪れなかった。小早川秀秋の裏切りにより西軍は総崩れとなり、最終的には島津勢のみが戦場に取り残される形となってしまったのである。

「もし五千の兵を率いていれば、この合戦には勝利を収めていたものを……」

義弘は口惜しそうに歯噛みをし、こうなった以上はせめて傷痕を残さんとして討死覚悟で打って出ようとしたが、それを豊久が反対したため、戦場から離脱することにした。

「猛勢のなかへ突撃せよ！」

敵に背後を見せるのを恥と感じたか、たんにもっとも薩摩に近いルートを選択したのか、理由は定かではないが、義弘は全軍に敵中への突撃を命じた。これが世に名高い「敵中突破」である。

その途上で豊久が討死し、義弘の周囲を固める兵も一人、また一人と凶弾に倒れていった。九月十五日午後四時頃、島津勢がようやく東軍の追撃を振り切ったとき、義弘に従っていた兵はわずか八十ほどであったという。

無事薩摩に帰国した義弘は、責を取り、蟄居した。改易でもおかしくはなかったが、義久と忠恒（ただつね）が徳川方と粘り強く交渉を行なった甲斐あり、慶長七年（一六〇二）、義弘は許され、島津の本領は安堵された。西軍に与した諸大名のほとんどが大減封、もしくは改易されたなかで、島津への処置は異例だったといえるだろう。

明治維新を主導した薩摩藩士

蟄居した義弘に代わり、初代藩主として薩摩藩の政治をとった忠恒（のち家久）は、慶長十四年（一六〇九）に琉球十二万三千石を属国としたり、外城制度（領内を百余に分け、外城郷士に統治を行なわせる）を敷いたりし、藩政の基盤を形づくった。

以降、島津家は幕末まで薩摩地方に君臨することになる。

幕末の四賢候の一人に数えられる十一代斉彬は、薩摩藩の近代化に取り組んだ人物として知られる。西欧列強から日本を守るためには近代化を図り、軍事力の強化が肝要であると悟った斉彬は、軍需工場やガラス製造工場、紡績工場などを建設して藩内の産業育成に取り組むとともに、造船と造砲に力を入れた。

また、薩摩藩内では鹿児島城下に住む上級武士、下級武士、半農半士の生活を営む郷士という身分差が生み出されていたが、斉彬は国力の充実を図るため、身分にかかわらず優秀な人材を採用していった。下級武士だった西郷隆盛もそのうちの一人である。

安政五年（一八五八）七月十六日、斉彬は志半ばで亡くなるが、その急進的な思想は西郷をはじめとする薩摩藩士たちに受け継がれた。戊辰戦争において、薩摩藩兵が官軍の主力となり、明治維新の原動力と成り得たのは、ひとえに島津斉彬という英邁な指導者がいたからだろう。

島津家略系図

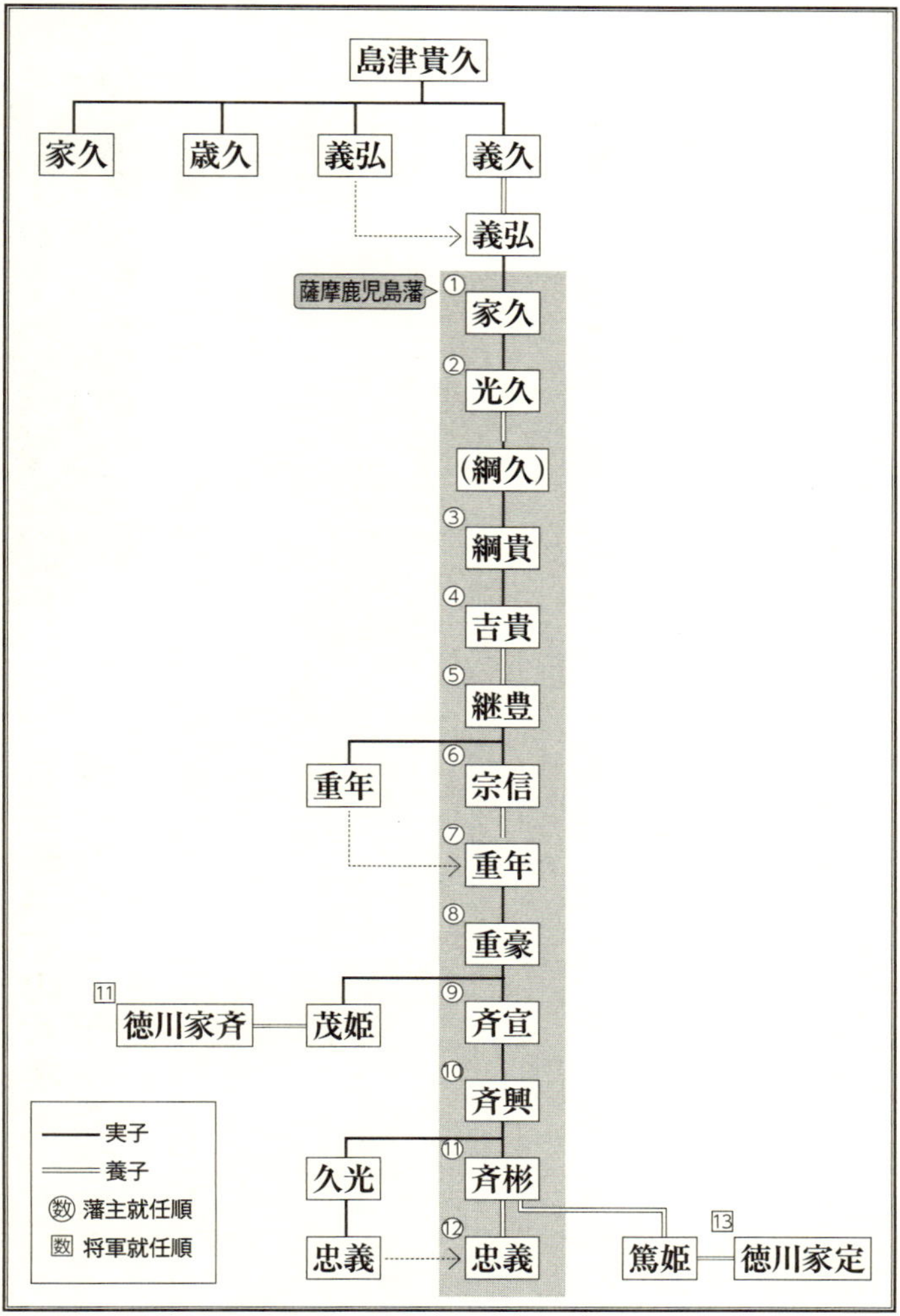
島津貴久
家久
歳久
義弘
義久
義弘
薩摩鹿児島藩
①
家久
②
光久
(綱久)
③
綱貴
④
吉貴
⑤
継豊
重年
⑥
宗信
⑦
重年
⑧
重豪
11
徳川家斉
茂姫
⑨
斉宣
⑩
斉興
久光
⑪
斉彬
忠義
⑫
忠義
篤姫
13
徳川家定
実子
養子
藩主就任順
将軍就任順

片桐且元

豊臣家滅亡の片棒を担いでしまった律儀な家臣

片桐且元（かたぎりかつもと）は、十六歳のときから豊臣秀吉に仕えた子飼いの家臣で、「賤ヶ岳七本槍」の一人にも数えられている。しかし、加藤清正や福島正則といった武で活躍した武将とは異なり、且元は行政面において豊臣政権を支えた。

且元にとって最大の不幸は、関ヶ原の合戦で石田三成や増田長盛といった奉行連中がみな亡くなってしまったことにある。このとき、且元は大坂城で秀頼の傍を離れず、本戦には参加していない。これがかえって家康の信頼を集めることとなり、慶長六年（一六〇一）、大和国平群郡一万八千石を与えられると、秀頼の家老に任ぜられたのである。ここに大和竜田藩が始まる。

従順な且元に潜み寄る家康の魔の手

切れ者であった三成とは違い、小器に過ぎなかった且元には限界があった。もちろん、且元も豊臣家の存続のために懸命に働いた。しかし、老獪な家康の謀略には太刀打ちができなかったのである。

慶長十九年（一六一四）八月、亡き秀吉の供養と豊臣家の繁栄を祈願するために再建した方広寺大仏殿の開眼供養がいよいよ行なわれる運びとなった。ところが七月二十九日、徳川方からの苦情が舞い込んだ。梵鐘に彫られている「君臣豊楽」「国家安康」の二句に、それぞれ「豊臣家が君として繁栄する」、「家康という文字を切り離すことで呪詛している」といった思惑が秘められているというのである。もちろん、これは豊臣方から戦を起こさせることをもくろんだ家康の謀略に過ぎない。しかし、且元は奉行として方広寺大仏殿の再建を進めた自らの責任であると一身に感じ、すぐさま釈明すべく、駿府の家康のもとを訪れることにした。ところが、且元は家康から面会を拒絶されてしまう。さらに家康の重臣本多正純から豊臣方の不都合を一方的に責められてしまったのである。

もはや顔面蒼白といった面持ちで心中極まった且元であったが、いったいどうしたら家康の許しを得ることができるか、必死に考え抜いた。そこで出した結論は、「大坂城を明け渡すか、秀頼または母淀殿のどちらかを江戸に人質として送るか」であった。このうちどちらかを承諾しない限り、家康は納得しないと大坂城へ持ち帰ったのである。

一方、淀殿が家康のもとへ送った女中二人は、家康が秀頼母子の安否を気遣っているという且元とはまったく別の報告を持ち帰ってきた。

事ここに至り、もはや大坂城内に且元の味方は一人としていなくなった。

「裏切り者を一刻も早く誅殺すべし」

そのような声が、城内に蔓延すると、且元は大坂城から追放され、居城である摂津茨木城へと退去した。家康はこれを大坂方の宣戦布告と解し、こうして大坂冬の陣が勃発したのであった。

且元は冬の陣には参加しなかったが、翌年の夏の陣では二男孝利（たかとし）が徳川方として従軍したため、且元も大坂城攻囲軍に加わった。元和元年（一六一五）五月八日、豊臣家が滅亡すると、且元はその功績によって山城・大和・河内・和泉で四万石を賜っている。しかし、大坂落城から約二十日後、且元は病死した。一説には、豊臣家を裏切った自分の罪深さを恥じ、気が狂ったのだともいわれる。

且元の死後、その跡を継いだのは孝利であったが、孝利には子がなかったため、改易の危機に陥る。しかし且元の功により、且元の四男為元（ためもと）への相続が認められた。ただし、所領は四万石から一万石へと減らされている。その子為次（ためつぐ）の時代、またしても当主が嫡子なくして死んでしまったため、ここに、片桐家による竜田藩の支配は終わった。

なお、且元の弟貞隆（さだたか）の家系が大和国小泉藩に続いており、石州（せきしゅう）流茶道を開いた二代貞昌（さだまさ）は四代将軍徳川家綱の茶道師範を務めている。幕末の戊辰戦争では新政府軍に恭順し、そのまま明治維新を迎えた。

毛利勝永

妻子の命よりも優先された豊臣家への恩義

毛利勝永の家は、もともとは森姓だった。天正十五年（一五八七）、父勝信が秀吉から小倉六万石を与えられたとき、秀吉の命により、毛利姓へと改称することになったのである。

勝信は黄母衣衆の一人として秀吉に仕えた古参の将であり、勝永もまた、幼い頃から秀吉に付き従った。

毛利家は、長年に渡って豊臣家からの多大な恩義を受けており、秀吉の死後に勃発した関ヶ原の合戦では、父子とも迷わずに西軍に与することを決めた。

しかし、勝永は安国寺恵瓊の指揮下に組み込まれてしまい、南宮山に陣取った吉川広家が東軍と内応していたことから戦いには参加できずに終戦を迎えている。

戦後、西軍に味方したとして領地は没収され、勝永は父と家族とともに土佐藩山内一豊の預かりの身となった。

それからというもの、勝永は鬱屈とした日々を送ることになった。慶長十六年（一六一一）には父が亡くなり、勝永自身、このままここで朽ち果てるのかと無念の思いを抱いていた。

勝永、壮絶な最期

そんな勝永に転機が訪れる。慶長十九年（一六一四）十月、秀吉の遺児秀頼が大坂城を拠点として幕府に対して挙兵を企てたのである。勝永のもとには、豊臣方からしきりに誘いの密書が届くようになった。

勝永は、恩義のある豊臣家のため、大坂城へ馳せ参じようとした。しかし、妻子の身を案じると、なかなか行動には移せずにいた。自分が土佐を出たらまちがいなく妻子は殺されてしまうと考えたためである。

しかし、勝永の思いを聞いた妻は、気丈にもこう言い放った。

「武士ともあろう者が妻子への情にほだされ、武名を汚すことのほうが真に恥ずべきことにございます。どうか一刻も早くこの地を去り、先祖の家名を興してください。もしあなたが討死なさったら、私もその後を追って海に我が身を投げましょう」

妻の後押しを受け、勝永は決意した。そして子の勝家とともに土佐を逃れ出ると、海路、大坂城へ向かったのである。

大坂冬の陣ではとくに活躍の場はなかったが、元和元年（一六一五）の夏の陣では天王寺口の戦いで上総大多喜城主本多忠朝（ただとも）、信濃松本城主小笠原秀政（ひでまさ）・忠脩（ただなが）を討ち取るといった奮闘振りを見せ、一時は家康の本陣にまで肉薄するほどであった。

しかし、やがて多勢を誇る徳川勢が豊臣勢を圧倒。自軍が壊滅状況に陥るなか、なんとか大坂城内へと引き返した勝永であったが、家康の謀略によって堀を埋められた大坂城では徳川勢の猛攻を防ぐことができず、五月七日、大坂城は陥落した。

このとき、勝永は秀頼母子に付き添って本丸の天守閣から山里郭へ避難していたが、八日、大坂城が炎上するなか、秀頼は自害を遂げた。秀頼の介錯をしたのは、勝永だと伝わる。そして勝永もまた、切腹して果てたのであった。勝家も父に殉じて最期を遂げた。時に勝永、三十八歳、勝家十六歳であった。

一方、国許に残された妻子の命は助けられた。勝永が土佐を出て大坂城に入ったことが判明したとき、藩主山内忠義（ただよし）は妻子を捕らえ、駿府の徳川家康に伺いを立てた。すると家康は、「武士の志がある者は、みなそうするだろう。妻子を許し、罪に問うてはならない」と命じたという。忠義はこの言葉に従い、妻子を高知城に入れて保護したのである。

その後、妻が自害したのか、夫の菩提を弔って生きたのかははっきりしていない。十歳の二男は、京都に護送され、その後、首を刎ねられたとも伝えられている。

宗義智

朝鮮との国交回復の功績が認められ、十万石格の大名へ

宗義智（そうよしとし）が関ヶ原の合戦で西軍に与しながらも、異例ともいえる所領安堵の沙汰を受けたのは、鎌倉時代以来、宗氏が対馬を支配し、朝鮮との交易を独占してきたという政治的背景があればこそであった。島の東西を対馬海流が流れ、平地が少なく、島土の約九割が山地という対馬では米の生産が少なく、財政のほとんどを交易に依存していた。それも朝鮮との交易が主であった。しかし、宗氏が豊臣秀吉に服属すると、秀吉は朝鮮出兵の尖兵を務めるべく、義智に迫った。

そんな義智とともに朝鮮工作にあたったのは、小西行長だった。両者の関係は次第に密になっていき、天正十八年（一五九〇）頃、義智は行長の娘マリアを妻に迎えている。義父行長とともに、朝鮮との戦乱を避けるべく奔走した義智であったが、秀吉の命によって文禄・慶長の役は強行され、結果、日朝関係は断絶した。義智にとって、これは大きな痛手であった。朝鮮との交易を復活させなければ、対馬の経済は滞ってしまうからである。秀吉没後の慶長三年（一五九八）から義智は朝鮮との国交回復に努め、使者を相次いで派遣したが、いずれの使者も二度と日本の地に足を踏み入れることはなかった。

そんな状況下、関ヶ原の合戦が勃発する。義智は格別秀吉の恩顧を受けていたわけではなく、ましてや対馬の飯の種である朝鮮との交易を妨害されたことで、秀吉に恨みを抱いていたかもしれない。しかし、義智は西軍として参加した。何か特別な事情があったとか、そういうわけではない。義父行長が西軍に与したから。ただそれだけの理由であった。

慶長五年（一六〇〇）七月十九日、西軍による伏見城攻城戦に義智は参加。ただし以降は、家臣を参戦させたものの、自身は戦いには加わらなかった。

戦後、西軍が敗北すると、義智がまず行なったのは、妻マリアの離縁であった。これは行長が西軍の主力の一角として動いたためであり、対馬に咎が及ばないようにするための苦渋の決断であった。義智自身も処罰を覚悟したが、家康から伝えられたのは、思いもかけぬ所領安堵という処遇だった。朝鮮外交はほかの誰かがすぐに取って変わることができるほど簡単なものではなく、長年その役割を務めてきた義智に引き続き朝鮮との国交の回復にあたらせようとしたためであった。

家康に言われるまでもなく、朝鮮との交易の再開は何よりもまずやらねばならぬことだった。足掛け九年間、必死に交渉を続けた結果、慶長十二年（一六〇七）、義智はついに朝鮮通信使の来日を取りつけることに成功した。そしてその二年後、幕府と朝鮮との間に己酉（きゆう）約条が締結され、交易が再開されることになった。

宗氏はこの功績をもって、十万石格の大名として扱われることになった。対馬上・下島の実質の実入りは少なかったが、飛び地であった肥前田代領の一万二千八百石や朝鮮貿易の収入を見込み、十万石相当とされたわけである。さらに文政元年（一八一八）、宗氏の朝鮮通信使の応接費用弁償と功労に対して、備前国松浦郡・筑前国怡土郡・下野国安蘇郡・都賀郡に散在する所領合計二万石が対馬藩に加増された。

ただし幕末に入り、一度対馬を天領にし、宗氏を河内国へ移封させようという動きが起こっている。諸外国の船が近海にたびたび出没し、海防の必要性に迫られたが、財政に乏しい対馬藩では対応ができないということで、江戸詰の家老佐須伊織が幕府に訴え出たのである。しかし文久二年（一八六二）八月二十五日、反対派の藩士四十余人が佐須を襲撃し、殺害したことで、移封騒ぎは露と消えた。

なお、義智に離縁されたマリアは、関ヶ原の合戦と同じ年に一人の男子を産んでいる。名を小西マンショという。義智の子であるとされるが、詳細は定かではない。

慶長十九年（一六一四）、幕府のキリシタン禁教令により、マンショは日本を追放され、マカオに渡る。その後はローマへ向かい、イエズス会の司祭となった。寛永九年（一六三二）に帰国し、京都、大坂でキリスト教の布教に励んだが、正保元年（一六四四）、大坂で捕らえられ、殉教。彼の死をもって、日本にはキリスト教の司祭が一人もいなくなった。

五島玄雅

合戦への不参加が家の血脈を保つ

五島玄雅（ごとうはるまさ）が治めた五島列島は肥前国松浦郡に属し、現在の長崎県から西に百キロメートルほど行った海上に浮かぶ島々である。中世以来、宇久島を本拠とする宇久氏（一五九二年に五島氏と改称）の支配が続いたが、天正十五年（一五八七）に豊臣秀吉が九州一帯を勢力下に収めると、時の二十代当主純玄（すみはる）は秀吉に臣従を誓った。このとき純玄は、五十五ヶ村一万五千五百三十石の所領を安堵されている。

純玄は秀吉の命を受けて文禄の役にも出兵しているが、陣没してしまったために、純玄の叔父玄雅が急遽家督を継ぐことになった。

秀吉の没後、徳川家康と石田三成による闘争が表面化すると、玄雅のもとへは三成や小西行長などから西軍に与するよう促す使者が訪れたため、玄雅は西軍につくことを決する。もともと朝鮮の役の際に西軍の諸将らと親しくしていたという縁もあった。

しかし、結果的に玄雅は合戦に参戦することはなかった。軍備を整え、島を出立した玄雅が下関に到着したのは慶長五年（一六〇〇）九月十五日のこと。このとき、肥前大村の大村喜前（よしあき）から「こたびの戦は三成の姦計にちがいない。参戦せぬが良策ぞ」と言われたため、玄雅はそのまま兵を取って返し、自領へと戻ったのである。

戦後、玄雅は養嗣子盛利（もりとし）とともに、家康のもとへ祝いの言葉を述べに参上した。玄雅は合戦に参戦できなかったことを詫びたが、家康の重臣本多正信が「五島は異国船渡来の地であるがゆえ、防御の備えも大儀である。決して詫びる必要はない。これからも江戸、京への務めは不要である」と家康との間を取り持ってくれたため、戦後の論功行賞では旧領の安堵という沙汰が下されたのであった。

その後も五島列島は、江戸時代を通じて五島氏の支配下に置かれた。

玄雅の跡を継いだ盛利の時代の元和五年（一六一九）六月、盛利の就任に反対する家臣大浜主水（おおはまもんど）一派が二代将軍秀忠に盛利の非行を訴えるという「大浜主水事件」が勃発したものの、幕府は盛利の正当性を認めた。勝訴した盛利は大浜主水一派を誅殺するとともに、在郷の家臣団百七十余家を福江城下に集住させ、兵農分離を徹底する。さらに家臣の身分を上士、中士、下士、郷士、軽卒と序列化し、藩主権力の確立を図った。これによって藩政の基盤が確立。以後、この制度が幕末まで続くことになった。異国船の往来が頻繁になった幕末、その土地柄、自然と藩内では攘夷思想が高まりを見せたが、都からは遠く離れた地であったために、都との政争とは無縁であった。明治元年（一八六八）、最後の藩主盛徳（もりのり）は兵を率いて上洛したが、時はすでに明治維新を迎えていた。

第二章

東軍諸将の「その後」

徳川家康
徳川秀忠
井伊直政
本多忠勝
本多正信
真田信之
鳥居元忠
奥平信昌
柳生宗矩
加藤清正
福島正則
山内一豊
前田利長
黒田長政

黒田如水
細川幽斎
細川忠興
加藤嘉明
池田輝政
蜂須賀家政
浅野長政
藤堂高虎
木下勝俊
蒲生秀行
織田有楽
伊達政宗
高山右近
後藤又兵衛

徳川家康

すでに手を打っていた豊臣家滅亡への布石

慶長五年（一六〇〇）九月十五日、徳川家康は関ヶ原の合戦に勝利を収め、一躍政界のトップに躍り出た。このとき、家康はすでに五十九歳。織田信長、豊臣秀吉という二大天下人に従属し、ときには屈辱を味わうことも大であった。しかし、家康はひたすら忍に徹し、機を待ち続けた。そしてようやく、天下を手中に収めることができたのであった。

慶長八年（一六〇三）二月、家康は朝廷から征夷大将軍の宣下を受け、江戸に幕府を開いた。これで名実ともに政治の主権者であることを天下に知らしめたが、その二年後、早々と将軍職を子秀忠に譲った。これは、政権が徳川家に代々世襲されるということを示すためであった。ただし、実権は変わらずに家康が握った。駿府城に引き込んだのちも、大御所として政務を司ったのである。江戸の城下町づくり、全国の金・銀山の直轄、主要な街道と宿駅などインフラの整備……幕政の基盤を固めるための政策を次々と行なった家康であるが、そのなかでも注目すべきなのは、泉州堺、近江国友を直轄地としたことである。堺、国友は当時、どちらも鉄砲の生産地として名を馳せていた場所だ。

信長の戦いにしばしば従軍した家康は、とくに新兵器の鉄砲を有効に活用した組織的な戦術に感銘を受けた。しかし堺、国友は信長、そののちは秀吉が押さえていたため、思うように鉄砲や大筒を入手することができなかった。関ヶ原の合戦後、ようやく堺、国友を支配下に置くことができた家康は、早速鉄砲鍛冶に命じて大量の鉄砲、大筒を発注している。これもひとえに、来たるべき戦いに備えてのことであった。

家康が征夷大将軍になったとはいえ、いまだ豊臣家は健在だった。ただし秀吉が築いた大坂城は三重の堀と堅固な石垣を備えており、並大抵の攻撃ではおとすことが難しいと考えられた。そこで家康が目をつけたのが、火砲の存在だった。慶長十七年（一六一二）頃には五十匁の大筒を大量に発注。それに加え、オランダやイギリスから大砲を大量に買いつけた。大坂夏の陣前には三百挺を超える火砲を用意していたと考えられている。

慶長十九年（一六一四）十月、いよいよ大坂冬の陣が勃発すると、家康は大量の大筒をもって、大坂城を攻撃した。「大坂表の鉄砲、洛中に響く」と京都の公家の日記にも書かれるほど凄まじい砲撃は、それまで頑なに講和を拒んでいた淀殿の心を和平へと導く役割を果たした。講和後、家康は大坂城の堀をすべて埋め立て、そして翌年の夏の陣において、ついに豊臣家を滅ぼした。ここに、徳川家の支配は盤石になったのである。

これで気力が潰えたのか、家康は元和二年（一六一六）一月末頃から体調を崩すようになり、四月十七日、この世を去った。享年七十五。死因は胃癌であったという。

徳川秀忠

江戸幕府の基盤を確立した二代将軍

江戸幕府二代将軍徳川秀忠は、天正七年（一五七九）、家康の三男として遠江の浜松城で誕生した。家康三十八歳のときである。本来であれば家督を継ぐ立場にはなかったが、長男信康は「武田勢に通じた」という嫌疑から織田信長によって自刃させられ、二男秀康(ひでやす)は豊臣秀吉のもとへ養子に出されたのち、結城家を相続したため、三男である秀忠に世継ぎの座が転がりこんできたのである。

しかし、関ヶ原の合戦以前に、秀忠が正式な跡継ぎであることが決定していたわけではなかった。

それだけに、関ヶ原の合戦が勃発すると、秀忠は並々ならぬ思いでこれに臨んだ。時に秀忠二十二歳であった。

慶長五年（一六〇〇）七月二十四日、会津征討に赴き、下野小山に着陣した家康のもとへ、石田三成が挙兵したという報が入る。家康は会津征討を中止し、ただちに西上することを決すると、秀康には上杉景勝への抑えを命じて宇都宮城に入らせ、秀忠には別働隊を率いて東山道を進み、西軍の諸将を制圧しながら美濃へ向かうよう言いつけた。

このとき秀忠の指揮下に置かれたのは、榊原康政（さかきばらやすまさ）、本多忠勝の嫡男忠政、酒井忠次の嫡男家次（いえつぐ）といった武断派の武将の部隊、総勢三万八千もの大軍だった。

八月二十四日、宇都宮城を出立した秀忠は、九月三日、真田昌幸、信繁が籠る信濃上田城の攻略に取り掛かった。ところが、昌幸、信繁の思わぬ抵抗にあい、結局八日余りの時間を費やしても城をおとすことができなかった。

これ以上、ここで時間を費やすことはできない。そう判断した秀忠は、上田城の抑えとして仙石秀久（せんごくひでひさ）、森忠政（もりただまさ）らを残すと、十一日、陣容を立て直して再び東山道を西上した。

その後、秀忠一行は足を速めて東山道を進軍するが、十七日、妻籠宿（つまごじゅく）に到着したとき、家康が三成らを討ち破ったとの報が入る。これにはさすがの秀忠も愕然としたことだろう。

とはいえそこに留まるわけにはいかず、その後は昼夜を分かたずに進軍。ようやく美濃に入ったのは十九日の夜。家康が着陣していた大津城へたどり着いたのは、二十日のことだった。

早速家康に面会を申し出た秀忠であったが、家康は「顔も見たくない」と、面会すらしようとしなかった。それだけ本戦に間に合わなかった秀忠に対して怒り心頭だったのである。どうにか榊原康政、本多正純らが取り成してくれたことによって、秀忠は家康の許しを得ることができたのであった。

汚名返上を願って参戦した大坂の陣

関ヶ原の合戦が終わってまもなくの十月頃、家康は秀忠を自分の後継とすることを正式に決めた。このとき、家康が重臣に相談したところ、本多正信は二男秀康を推し、井伊直政は四男松平忠吉（ただよし）を推した。それに対して大久保忠隣（ただちか）は秀忠を推した。

「泰平の世にあって天下を治めるには文徳が第一であり、それには孝心が篤く、謙虚な秀忠様がもっともふさわしいと思われます」

家康はこの発言を聞き、「わしもそう思う」と言ったという。

慶長八年（一六〇三）に征夷大将軍となった家康から秀忠が将軍職を譲られたのは、慶長十年（一六〇五）のことだった。二代将軍秀忠の誕生である。

しかし、やはり関ヶ原の合戦への遅参はどうもトラウマとなっていたようで、慶長十九年（一六一四）十月一日、家康が豊臣家討伐のために駿府を出たと知った秀忠は、二十万余の大軍を率いて十月二十三日に江戸城を出陣。その日の宿舎である神奈川から、家康に同行している本多正純に宛て、「自分も上坂するので、大坂城の攻撃開始は自分が到着するまで待ってくれるよう、父に伝えてほしい」との書状を送っている。

その後の秀忠は、急ぎに急いだ。供回り衆を置き去りにし、武具や荷物も持たずに駆け

徳川家略系図

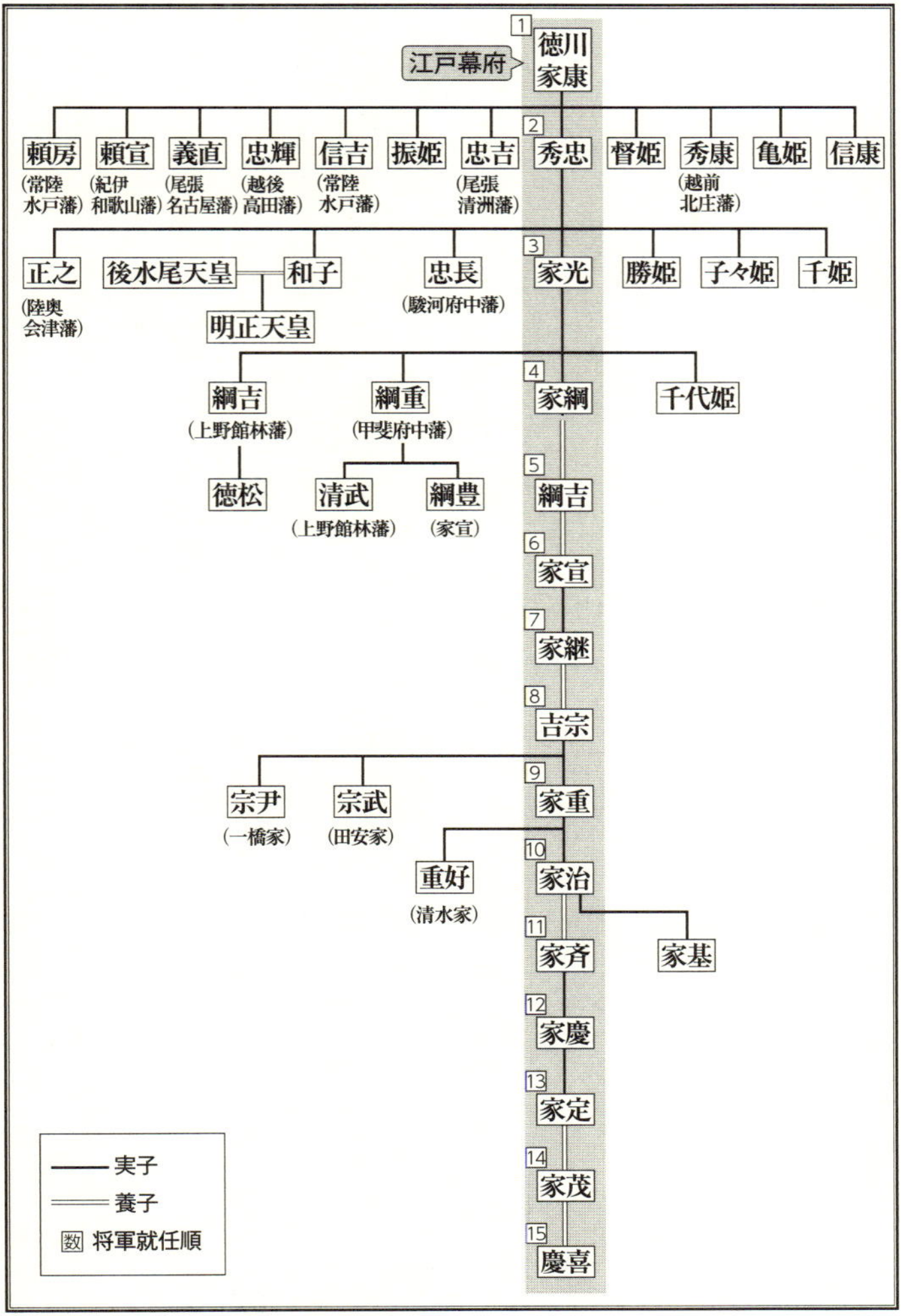
江戸幕府
1 徳川家康
頼房（常陸水戸藩）
頼宣（紀伊和歌山藩）
義直（尾張名古屋藩）
忠輝（越後高田藩）
信吉（常陸水戸藩）
振姫
忠吉（尾張清洲藩）
2 秀忠
督姫
秀康（越前北庄藩）
亀姫
信康
正之（陸奥会津藩）
後水尾天皇
和子
明正天皇
忠長（駿河府中藩）
3 家光
勝姫
子々姫
千姫
綱吉（上野館林藩）
綱重（甲斐府中藩）
4 家綱
千代姫
徳松
清武（上野館林藩）
綱豊（家宣）
5 綱吉
6 家宣
7 家継
8 吉宗
宗尹（一橋家）
宗武（田安家）
9 家重
重好（清水家）
10 家治
家基
11 家斉
12 家慶
13 家定
14 家茂
15 慶喜
実子
養子
数 将軍就任順

に駆けたという。あまりにも急ぎすぎたために隊列は乱れ、大坂に着いたときにはもはやみな疲労困憊であった。「戦う前から兵を疲弊させて、どうするのじゃ」と家康に大目玉を喰らってしまったという。

ただし急いだ甲斐はあり、どうにか大坂冬の陣の開戦には間に合った。そして冬の陣、夏の陣では総大将として指揮をとった。関ヶ原の汚名を晴らしたいという秀忠の願いは一応は叶ったのである。

関ヶ原の合戦、大坂の陣における行動を見てもわかるように、秀忠という人は本当に真面目で、律儀な性格をしていた。たとえば面会の約束をしていたら、食事中であっても中断して目通りしたほどである。家康と比べると派手さはないが、秀忠は自分なりに努力を重ね、二代将軍としての責務を果たしたのであった。

家康の死後は親政を開始し、将来、反乱の種となりそうな有力大名を改易し、また、娘和子(まさこ)を後水尾(ごみずのお)天皇の中宮として嫁がせ、朝廷との結びつきを強化するなど、幕政の基盤を強固なものとした。のち孫が明正(めいしょう)天皇として即位したことで、秀忠は天皇の外戚として権勢を誇るようにもなった。

こうして江戸幕府の基盤を固めた秀忠であったが、次第に体調を崩すようになり、医師らの手当ての甲斐もなく、寛永九年（一六三二）正月、五十四年の生涯を終えた。

井伊直政

幕府大老を七人も輩出した名門彦根藩の祖

慶長五年（一六〇〇）九月十五日、早朝の関ヶ原。一帯に深い霧が立ち込めるなか、一発の銃声が鳴り響く。それを合図とするかのように、天下分け目の戦いの幕が上がった。

このとき、先駆けの功を得たのは、井伊直政であった。

徳川四天王の一人に数えられる直政が家康の家臣となったのは、天正三年（一五七五）のことだった。時に十五歳。

武田家滅亡後の天正十年（一五八二）、家康が武田家の旧領へ侵攻した際、直政は、同じく甲斐侵攻をもくろんだ小田原の北条氏直との和睦を成し遂げたり、武田家の旧臣らを説得し、徳川家に引き入れることに成功している。その功績から、直政の部隊には武田家の旧臣山県（やまがた）衆や土屋衆、小幡（おばた）衆らが組み込まれることになった。当時、武田家臣団は甲冑や馬具、陣羽織に至るまで赤一色に統一しており、「赤備え」と呼ばれていた。そこで直政はこれを自軍にも取り入れた。ここに、「井伊の赤備え」が誕生したのである。

以後、徳川家の戦いにおいては常に直政と赤揃えの部隊が先陣を切って駆け抜けることとなり、その勇猛ぶりから「井伊の赤鬼」と呼ばれて恐れられるようになった。

ところが、関ヶ原の合戦において、東軍の先鋒を命じられたのは直政ではなく、豊臣恩顧の福島正則だった。直政は先鋒の軍監、また家康の四男松平忠吉の後見役を命ぜられていたこともあって、先鋒部隊のなかでも七番隊に位置していた。これには、犠牲の多い先鋒をあえて豊臣恩顧の大名に担わせることで、徳川方の兵力を温存しようという家康のもくろみがあった。

しかし、直政にはこれを受け入れることができなかった。天下分け目の合戦において、豊臣恩顧の大名に先陣の功名を立てられると、のちのち徳川家にとって大きな禍根を残すと考えたのである。決戦の主導権は、なんとしてでも家康麾下の将が握らなければならない。そう決心するや、十五日早朝、直政は松平忠吉を始め三十騎ばかりを従えてするすると最前線に躍り出るや、対峙する西軍方に向けて発砲したのであった。

戦いの大勢はわずか四時間ほどで決まり、この戦いを境として家康の時代が訪れた。直政の判断は、のちに続く家康の天下をより磐石にしたといえるだろう。戦後の論功行賞でも直政の先陣の功績は評価され、上野箕輪十二万石から近江佐和山十八万石へと加増転封された。近江佐和山は、敵将石田三成の旧領である。慶長六年（一六〇一）正月に佐和山城に入った直政は、三成の残党や関係者に配慮し、関ヶ原の合戦関係の話を口にせぬよう、配下に厳命した。また、土地の風習を地元の人々から聞くと、政事のすべてを従来の慣習

井伊家略系図

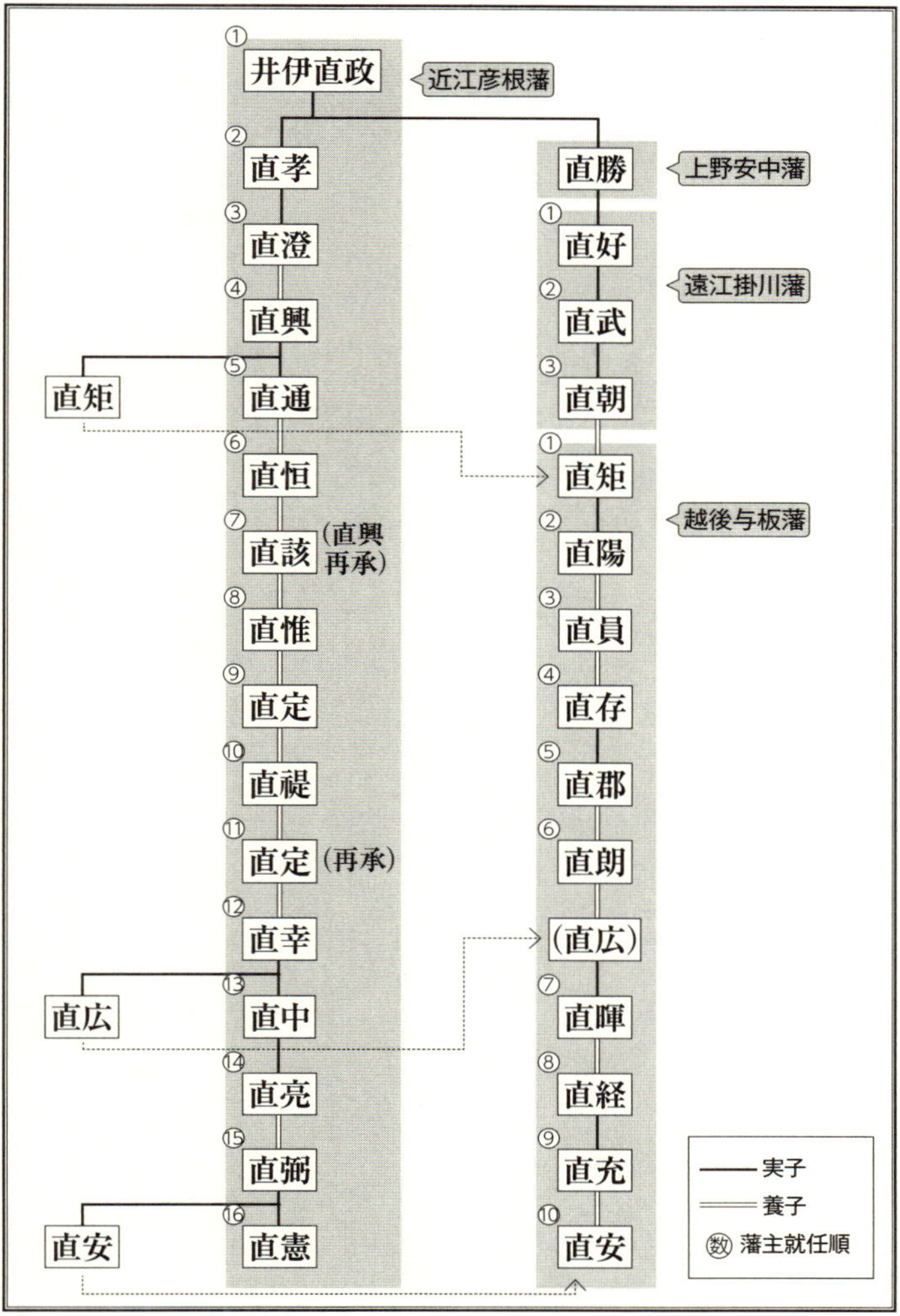

①井伊直政
近江彦根藩
②直孝
③直澄
④直興
⑤直通
直矩
⑥直恒
⑦直該（直興再承）
⑧直惟
⑨直定
⑩直禔
⑪直定（再承）
⑫直幸
⑬直中
直広
⑭直亮
⑮直弼
⑯直憲
直安
直勝
上野安中藩
①直好
遠江掛川藩
②直武
③直朝
①直矩
越後与板藩
②直陽
③直員
④直存
⑤直郡
⑥直朗
（直広）
⑦直暉
⑧直経
⑨直充
⑩直安
実子
養子
数 藩主就任順

のままに行なうなど、民に配慮した統治を行なった。

しかし、関ヶ原で受けた鉄砲傷が悪化し、慶長七年（一六〇二）二月一日、四十二歳という壮年期に世を去った。臨終の寸前、直政は、「徳川家へのご奉公を第一に務め、忠節一筋を心掛けよ。これを代々家を継ぐ者に申し送れ」と命じるとともに、将軍家やその一門など権勢の高い家とは婚姻を結ばぬよう言い残したという。

直政の跡を継いだのは、嫡男万千代である。慶長八年（一六〇三）、家康の命によって彦根城が築造されると、万千代は居を佐和山から彦根へと移した。慶長九年（一六〇四）には元服、直勝と名乗る。しかしこの直勝、いかんせん病弱であった。そのため、直勝の弟直孝がその代わりを務めることになった。家康の命によって大坂の陣に参陣した直孝は、戦後、家康から正式に井伊家の家督を継ぐように申し渡される。こうして直孝が彦根藩二代藩主となり、禄高も譜代大名としては破格の三十万石に達した。その後も彦根藩は明治維新まで代々井伊家が継いでいった。その間、十五代藩主直弼（なおすけ）をはじめ、幕府の大老職につく者を七人も輩出するなど、江戸幕府きっての名門家として繁栄を遂げたのである。

一方、直政の跡を弟に譲った直勝には、上野安中（あんなか）三万石が与えられた。直勝の嫡男直好（なおよし）の時代には、三河西尾三万五千石へと加増転封され、のち掛川藩に移封された。その四代直矩（なおのり）のとき、越後与板二万石を与えられ、以後、彦根藩の支藩として幕末まで存続した。

本多忠勝

幕府に牙を剥いた猛将の子孫

「家康に過ぎたるものが二つあり、唐の頭に本多平八」

これは、本多忠勝の武勇を称える狂歌である。家康の負け戦となった元亀三年（一五七二）の三方ヶ原の戦いの前哨戦・一言坂の戦いで、忠勝は戦場を縦横に駆け巡り、敗色濃厚の徳川勢を無事に浜松城まで退却させた。まさに獅子奮迅の働きであった。そしていつからか、巷には忠勝の武勇を誉めそやす狂歌が謳われ、徳川四天王の一人と称されるようになった。

十三歳のときから家康に仕えた忠勝は、家康に従って五十余度の戦いに参陣し、数多くの戦功を残した。柄の長さが一丈三尺（約三・九メートル）もある名槍蜻蛉切を携え、戦場では常に先陣を駆け抜けたが、一つも傷を負うことはなかったと伝わる。

天正十八年（一五九〇）に家康が関東に入国した際は、上総大多喜十万石を与えられている。これは、井伊直政に次ぐものであった。家康にとって、忠勝は欠かすことができない忠臣だったのである。

慶長五年（一六〇〇）の関ヶ原の合戦では、直政とともに東軍先鋒の軍監を任せられている。嫡男忠政が本多家の主力を率いて秀忠に従軍していたため、忠勝のそばにはわずか五百余の手勢があるのみだった。しかし忠勝は、小勢にもかかわらずに敵の首級九十余を挙げる活躍を見せた。この忠勝の猛将ぶりに、福島正則が「忠勝殿の指揮は聞きしに勝るものでございました」と家康に言上したところ、家康は「忠勝が優れているのはいまに始まったことではない」と答えたと伝わる。

戦後、家康は忠勝の働きを賞し、五万石を加増しようとした。しかし、忠勝はこれを固辞して受け入れなかったため、忠勝は伊勢桑名十万石を与えられることになった。その代わり、忠勝の二男忠朝(ただとも)に上総大多喜五万石が与えられている。つまり、忠勝の家全体で見れば、十五万石の恩賞を与えられたのである。

しかし一方で、戦後の恩賞に不満を抱いていたという話も伝わる。一説に、関ヶ原における功績から一国が与えられるのではないかと考え、家臣への知行配分案までつくっていたという。

新政府軍に与した岡崎藩

武をもって家康に仕えてきた忠勝だったが、家康が天下を取り、泰平の世が訪れると、もはや忠勝の出る幕はなくなった。本多正信・正純ら吏僚(りりょう)派によって政権の中枢から退く

本多忠勝家略系図

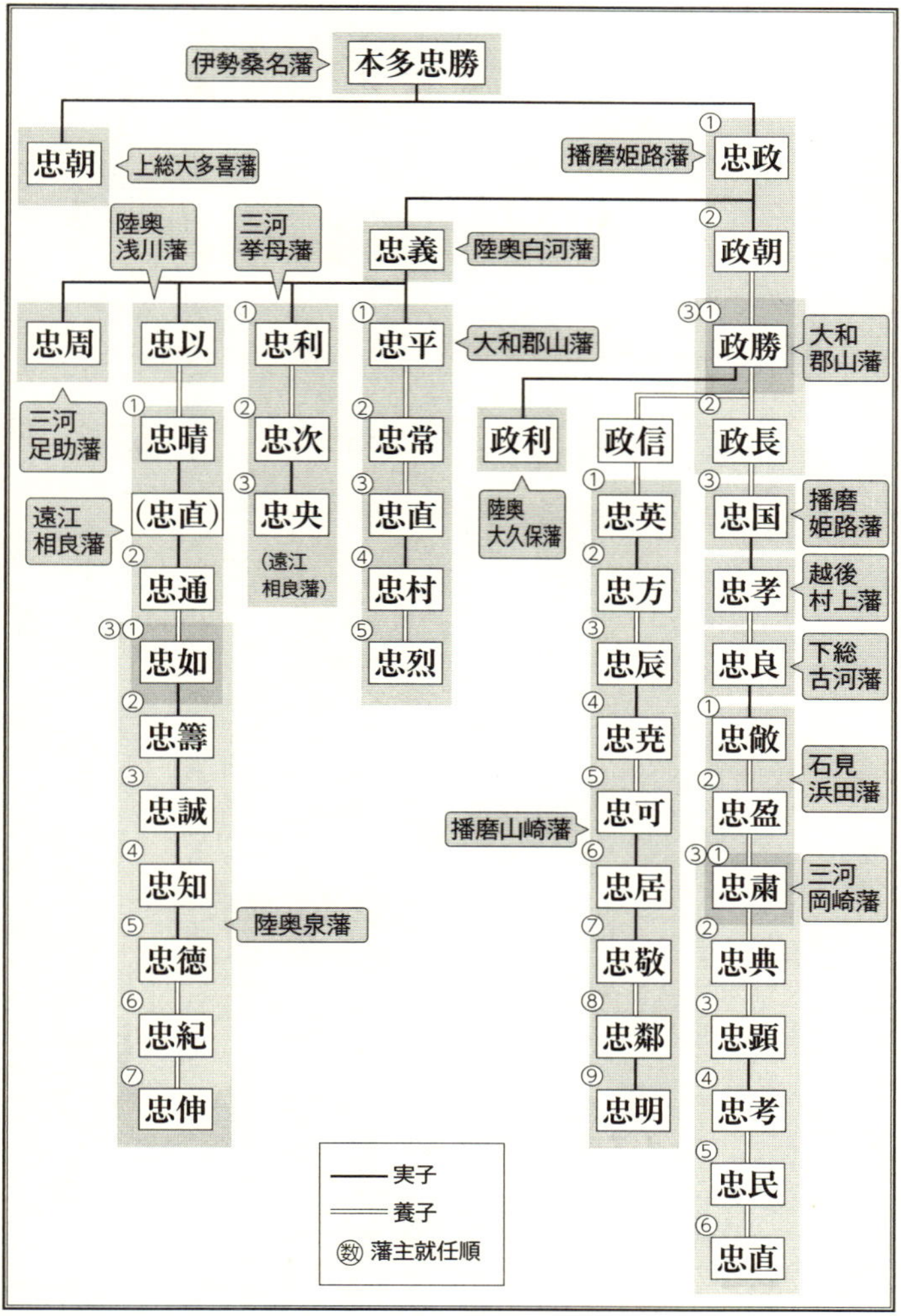

伊勢桑名藩
本多忠勝
忠朝
上総大多喜藩
①
播磨姫路藩
忠政
陸奥
浅川藩
三河
挙母藩
忠義
陸奥白河藩
②
政朝
忠周
忠以
①
忠利
①
忠平
大和郡山藩
③①
政勝
大和
郡山藩
三河
足助藩
①
忠晴
②
忠次
②
忠常
政利
政信
②
政長
遠江
相良藩
(忠直)
③
忠央
③
忠直
陸奥
大久保藩
①
忠英
③
忠国
播磨
姫路藩
②
忠通
(遠江
相良藩)
④
忠村
②
忠方
忠孝
越後
村上藩
③①
忠如
⑤
忠烈
③
忠辰
忠良
下総
古河藩
②
忠籌
④
忠堯
①
忠敞
石見
浜田藩
③
忠誠
⑤
播磨山崎藩
忠可
②
忠盈
④
忠知
⑥
忠居
③①
忠粛
三河
岡崎藩
⑤
陸奥泉藩
忠徳
⑦
忠敬
②
忠典
⑥
忠紀
⑧
忠鄰
③
忠顕
⑦
忠伸
⑨
忠明
④
忠考
⑤
忠民
⑥
忠直
実子
養子
数 藩主就任順

ことを余儀なくされた忠勝は、その後は桑名における藩政の確立に尽力し、慶長十五年（一六一〇）十月十八日、桑名の地で没した。享年六十三。死に際し、「侍は首を取らずとも、手柄がなくても、災いに臨んで退かず、主君と枕を並べて討死を遂げ、忠節を守るを指して侍という」「武芸や文芸をするにも忠義を心掛け、天下の難を救おうと志すべきである」と子に遺言した。武人として生き、家康に忠実に仕えた忠勝らしい言葉である。

忠勝ののち、桑名藩は忠政へと受け継がれる。忠政は家康の長男信康の娘を妻とし、また、忠政の子忠刻（ただとき）は家康の孫娘千姫と結婚した。こうして忠勝家は、子の時代に徳川将軍家と姻戚関係を持つこととなった。これもひとえに忠勝の功績によるものである。そういった背景から、元和三年（一六一七）、忠政は西国大名の押さえとして、播磨姫路十五万石へと加増転封された。

その後は大和郡山、陸奥福島、播磨姫路、越後村上、下総古河、石見浜田と転封が続いたが、浜田藩三代忠粛（ただとし）の時代に三河岡崎五万石への移封となり、幕末まで続いた。石高は五万石であったが、忠勝の後裔という身分が評価され、十万石格の待遇を受けた。幕末に入ると、暗殺された井伊直弼に代わって五代忠民（ただもと）が老中に就任している（一八六五年辞任）。幕府に従順に仕えてきた本多忠勝家であったが、戊辰戦争が勃発すると、藩論は勤皇にまとまり、新政府軍に恭順の意を示した。

本多正信

権勢を誇り過ぎたがゆえの反感、息子の失脚

俗に、家康晩年の好きなものには次の三つがあったという。すなわち、「雁殿、佐渡殿、お六殿」である。

ここでいう「雁殿」とは鷹狩り好きな家康がその餌にする雁を保護したこと、また「お六殿」とは家康の側室を表わす。そして「佐渡殿」は、家康の懐刀であった「本多佐渡守正信」のことを指す。

正信は家康の傍にあって国政を司り、戦においては謀略をなした。家康の諸将への謀略の大半はこの正信が献策したものであるという。たとえば、関ヶ原の合戦前に前田利長に謀反の疑いをかけて東軍に引き入れたのは正信の功績である。

本多氏は松平氏最古の家臣の一つで、正信の曽祖父正忠は松平清康（家康の祖父）に、父俊正は清康、広忠（家康の父）に仕えている。そういった経緯から、正信は幼い頃から家康に近侍し、桶狭間の戦いにも家康の部隊に加えられている。

とはいえ、正信は家康にずっと忠節を尽くしたというわけではない。永禄六年（一五六三）に三河一向一揆が勃発すると、一向宗の門徒であった正信は一揆の扇動者である酒井

忠尚に与し、家康に牙を剥いたのである。

家康によって一揆が収められると、正信は三河を離れて放浪した。一説に、一向宗のお膝元である加賀国へ移り住み、そこで石山本願寺の門徒とともに、織田信長と敵対したといわれる。

そんな正信を、家康はわざわざ呼び戻した。父祖代々松平家に忠節を尽くした功績もあろうが、やはり正信自身の能力がほかの誰にも代えがたいほど優れていたからだろう。

その後の正信は、家康に絶対の忠節を誓い、天正十八年（一五九〇）に家康が関東への入国を果たすと、相模玉縄一万石を与えられている。

無実の罪に陥れられた正純

慶長五年（一六〇〇）の関ヶ原の合戦では、正信は家康の命により、秀忠の参謀として東山道を進軍した。上田城に籠る真田昌幸、信繁の抵抗により秀忠は本戦への遅参という大失態を犯してしまうが、正信が咎められることはなく、家康からの信頼は相変わらず篤いままだった。

江戸幕府が開かれると、正信には幕政を主導するという役割が与えられ、慶長十年（一六〇五）に秀忠が二代将軍に就任したときは、秀忠の指南役として幕政にあたることを命じられている。そして慶長十五年（一六一〇）には、のちの大老職にあたる地位を与えられるのである。

徳川政権下、絶大な権勢を誇るに至った正信だったが、一方で、大久保忠隣、大久保長安といった武断派の武将との折り合いは悪く、ことあるごとに意見を衝突させていた。

そんな折の慶長十七年（一六一二）、子の正純の家臣岡本大八（おかもとだいはち）が、肥前日野江藩主有馬（ありま）晴信（はるのぶ）から六千両もの大金を騙し取っていたという事件が発覚する。

実際、正純は潔白であったことから、当事者である大八、晴信がそれぞれ死を賜ったことで事件は決着を見るが、これによって一時、正信の権勢は陰りを見せ、大久保派が幕政において幅を利かせることになった。

正信にとって、これは我慢のならないものであった。そこで慶長十八年（一六一三）に長安が病没すると、正信は正純と謀り、鉱山奉行の長安が不正に蓄財をしていたとでっち上げ、家康に讒言（ざんげん）したのである。

これにより、長安の一族の者はみな処刑され、縁戚関係にあった者も失脚を余儀なくされた。さらに長安の寄親（よりおや）であった忠隣もまた、改易という憂き目を見るのであった。

こうして政敵を退けた本多父子の権力は揺るぎのないものになったが、あまりにもむごい父子の横暴に、幕府内では反発の声が上がるようになった。

元和二年（一六一六）六月七日、正信が七十九年の生涯を終えると、その跡を継いだ正純は五万三千石へと加増される。しかし、正純の横暴な振る舞いはやがて秀忠からも不興を買うようになり、元和五年（一六一九）に宇都宮城主十五万五千石に加増されると、幕府内の反感はより一層強いものとなった。

元和八年（一六二二）、山形の最上氏の改易に伴い、山形城を接収するという上使の任を与えられた正純は九月、最上領に入り、無事任務を遂行した。しかし、ここで正純は唐突に改易を命じられてしまう。罪状は、鉄砲を秘密裏に製造していた、宇都宮城の石垣を無断で修築した、秀忠を暗殺しようとしたなど計十一ヶ条に及んでいた。もちろんこれは正純に恨みを持つ者らによる讒言であった。

正純は佐竹義宣に召し預けられ、ついで出羽国横手への配流となり、一千石の捨て扶持が与えられたが、寛永十四年（一六三七）三月、そのまま流罪地で失意のまま亡くなった。享年七十三。

なお、配流先で生まれた二男正之の時代の寛文四年（一六六四）、将軍家綱に拝謁し、ようやく本多家の罪が許された。正之は三千石を賜り、旗本として幕府に仕えている。

真田信之

江戸時代までつながった真田家の系譜

真田昌幸の長男として生まれた信之（信幸）の妻は、徳川四天王の一人・本多忠勝の娘小松姫である。一度徳川家康の養女とされたのちに婚姻の運びとなったので、信之は家康とも姻戚関係にあった。関ヶ原の合戦の際、父昌幸と弟信繁（幸村）が西軍方についたのに対して、信之が東軍についたのは彼女との関係によるところが大きいだろう。

慶長五年（一六〇〇）七月二十一日夜、昌幸のもとに石田三成の挙兵を知らせる書状が届けられると、真田父子はその後の去就について話し合ったが、結局もの別れに終わった。恩義のある家康を裏切るなどということは、信之にはできなかったのである。

昌幸、信繁との話し合いを終えた信之は、小山に着陣していた徳川秀忠の陣に出向き、父弟は石田三成方についたが、自身は徳川家に殉ずるという忠節を表明した。これに家康は喜び、信之に上田領を与える旨を約している。

八月二十八日、昌幸が籠る上田城攻めを家康から命じられた秀忠は、それに参加するよう信之に下知した。信之はこれに応じると、手勢八百余を率いて秀忠勢に合流した。

上田城攻めに際し、信之が命じられたのは、信繁が守る戸石城の攻略であった。これには、信之の忠誠心を試す秀忠の思惑があったが、兄の苦渋を察した信繁がさっさと上田城へ撤退したため、兄弟で血を流すようなことにはならずに済んだ。さしもの信之も、これには安堵したことであろう。しかしこのような命を下した秀忠に思うところがあったのか、以後、信之は先陣を固辞し、上田城攻めには参加しなかった。

関ヶ原の合戦が家康の勝利に終わると、信之はこれまで治めていた沼田領に加え、父の旧領小県（ちいさがた）郡三万八千石、上野国利根郡二万七千石を与えられ、九万五千石を領した。

慶長十九年（一六一四）からの大坂の陣では再び弟と敵対することになったが、このとき信之は病を得ていたため、長男信吉（のぶよし）と二男信政（のぶまさ）が代わりに出陣している。

元和八年（一六二二）十月、信之は十三万石へと加増されることになったが、先祖発祥の地である上田から松代城へと移封された。松代城は北国の要であり、将軍家の親族、あるいは重臣が配される場所であったことから、信之自身これを名誉なことと感じていたが、一方で、父祖伝来の地を離れることに一抹の寂しさを抱いていたようだ。もっともこの移封は、上田から真田家を遠ざけることで、その力を抑えようとした江戸幕府の画策であることは言うまでもない。

信之は当時としては珍しいほどの長命を保ち、明暦二年（一六五六）、九十一歳にしてようやく隠居を願い出た。それにあたり、真田領十三万石を松代と沼田に分け、松代藩十

真田家略系図

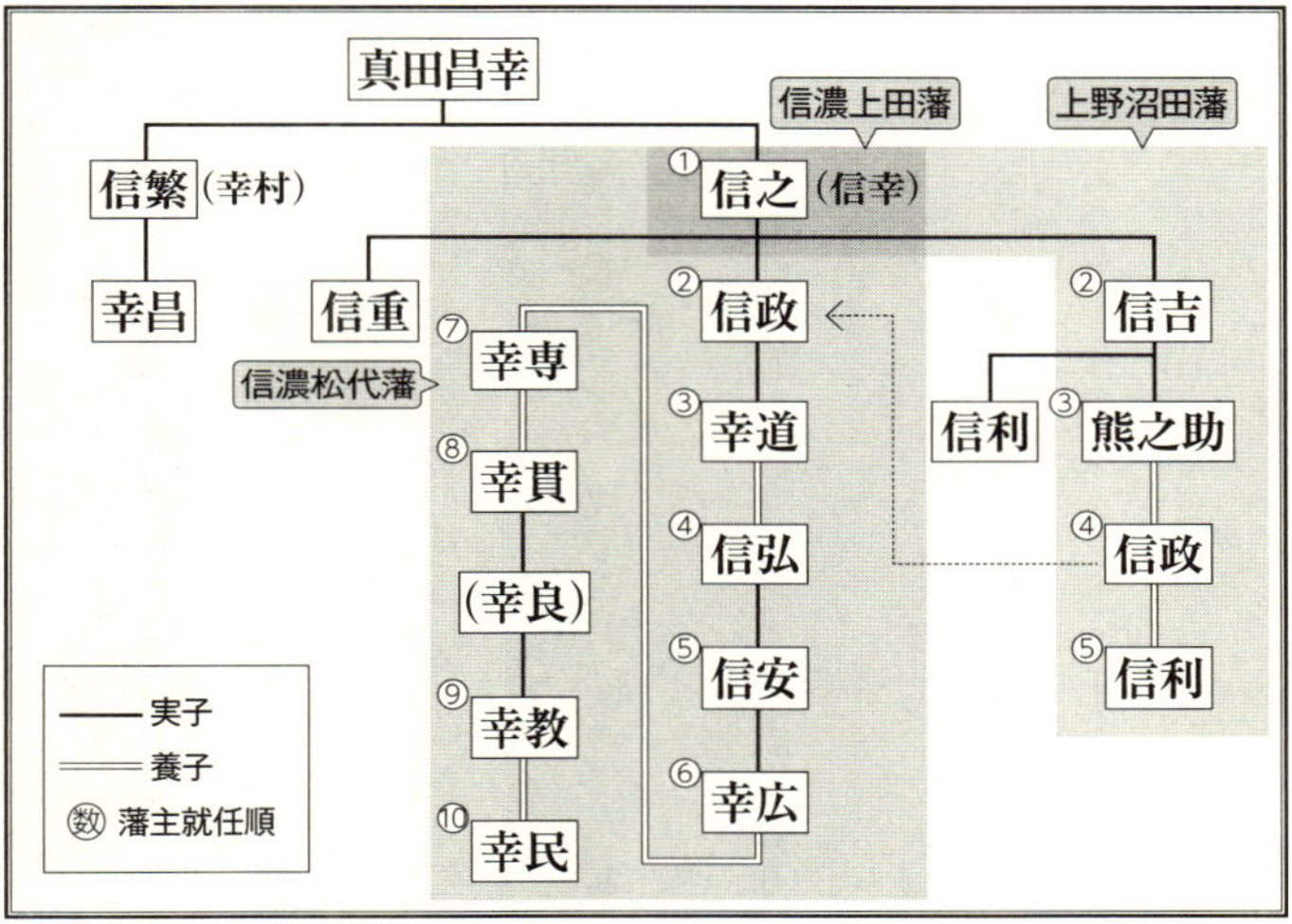

真田昌幸
信濃上田藩
上野沼田藩
信繁（幸村）
①信之（信幸）
幸昌
信重
②信政
②信吉
⑦幸専
信濃松代藩
③幸道
信利
③熊之助
⑧幸貫
④信弘
④信政
（幸良）
⑤信安
⑤信利
⑨幸教
⑥幸広
⑩幸民
実子
養子
数 藩主就任順

万石を二男信政に、沼田藩三万石を長男信吉の子信利（のぶとし）に継がせることを幕府に申し出ている。

しかし万治元年（一六五八）、信政が急逝してしまう。残された嫡男幸道はわずか二歳であったため、信利が次期松代藩主の座を主張、真田家内で御家騒動が起こった。このとき信之が幸道の後見をすることを名乗り出たため、同年六月十四日、幸道が無事松代藩主の座に収まった。同年十月十七日、信之は九十三歳にして亡くなるが、その後も信之の血筋が松代藩に続いていった。

一方、信利は騒動後、悪政を理由として改易の憂き目にあう。その後、一旦は再興されたものの、結局は断絶している。

鳥居元忠

家康への忠節によって生き長らえた家督

慶長五年（一六〇〇）七月十九日、徳川家康の居城伏見城が西軍方に攻囲される。西軍の大将は宇喜多秀家、副将は小早川秀秋。総勢四万からなる大軍であった。このとき、伏見城の守将は鳥居元忠。家康が今川義元の人質となっていた頃からの側近である。

元忠の忠臣ぶりを伝える逸話が残る。元忠は掛川城攻め、姉川の戦い、三方ヶ原の戦い、高天神城の戦いなど、数多くの戦いに従軍し、戦功を挙げてきた。家康はその都度、元忠に感状を与えようとしたが、元忠はこれをすべて断ってきた。

「感状は別の主君に仕えるときに役立つもの。二君に仕える考えのない自分には不要のものにございます」

元忠の忠節ぶりは、「三河武士の鑑である」と言われるほどであった。

慶長五年六月十六日、会津の上杉征討のため大坂城を出立した家康は、同日の夕刻、伏見城へ入った。その夜、家康は元忠と昔話に花を咲かせると、涙ぐんだ。自分が上方を離れることで、石田三成が挙兵するであろうことを家康は悟っていた。そしてまず標的となるのは、自分の居城であろうことも。元忠に伏見城の守りを託した家康であったが、これが元忠との今生の別れとなることを思うや、思わず込み上げるものがあったのである。

元忠とて気持ちは同じであっただろう。しかし元忠は気丈にもこう言い放った。

「この大事に、我ら御家人の命などどうして悲しまれることなどございましょうか」

そして家康が三千の兵を残すと言ったのを断り、「犠牲は少ないほうがよいでしょう」

とわずか千八百の兵で城を死守することを約したのであった。

はたして家康が上方を離れると、家康の予想通り、三成が挙兵し、伏見城に攻め寄せた。元忠は懸命に戦うも、多勢に無勢。八月一日、最期は雑賀党鉄砲集団の頭領・鈴木孫一（まごいち）の子と伝わる重朝（しげとも）との一騎討ちの末、討死した。享年六十二。関ヶ原の合戦後、家康は、元忠の嫡男忠政（ただまさ）を陸奥磐城平十万石へと加増転封することで、元忠の菩提を弔った。

大坂の陣が勃発すると、忠政は江戸城の留守居役を命じられ、戦いには参戦していないが、戦後、出羽最上二十万石へ加増転封された。これは、東北における外様大名の押さえとしての任務を帯びてのことだった。のち領地を山形に移し、二万石を加増されている。

寛永五年（一六二八）九月、忠政が六十三歳で没すると、その跡を嫡男忠恒（ただつね）が継いだ。しかし、忠恒は病弱であったために、嗣子を残すことができなかった。そこで忠恒は重い病の身の上ながら江戸へ向かい、戸沢政盛（とざわまさもり）の養子となっていた弟定盛（さだもり）に跡を継がせたいと三代将軍家光に願い出、寛永十三年（一六三六）七月、三十三歳で亡くなった。

しかし、幕府はこの忠恒の願いを聞き届けなかった。それどころか、末期養子の禁令に違反しているとして、鳥居家を忠恒の代をもって改易してしまうのである。一説に、当初家光は鳥居家の功労を考慮して忠政の三男忠春(ただはる)に相続させようとしたが、井伊直政の次男で宿老の直孝が反対の意を唱えたため、中止されたのだという。

ただし、その後改めて父祖の旧功が考慮され、忠春に信濃高遠三万石が与えられたことで、鳥居家の家督はなんとか存続した。だが、忠春は政務を顧みずに酒に溺れ、家臣を手討ちにするなどの乱行を働いたために家臣に斬りつけられてしまう。結局その傷がもとで、寛文三年(一六六三)八月、大坂で四十年の生涯を終えている。

忠春の子忠則(ただのり)がその跡を継ぐが、今度は家臣の不行状の責任を取らされる形で閉門を命じられてしまった忠則は自責の念に駆られて自害。幕府が嫡男忠英(ただてる)への相続を認めなかったため、またしても鳥居家は断絶となった。

ところがである。やはり元忠以来の忠孝は何にも代えがたいということで、忠英には能登羽咋など一万石が与えられた。その後、忠英は幕府に対して忠実に勤めたため、その功績をもって元禄八年(一六九五)に近江水口二万石、正徳元年(一七一一)に若年寄に列したことから、翌二年には下野壬生三万石へと加増転封された。ようやく鳥居家にも安住の日々が訪れ、以後幕末に至るまで、壬生藩に鳥居家の家系が続いていった。

奥平信昌

紆余曲折の末、江戸時代を生き抜いた家康の縁戚

奥平氏は三河設楽郡の有力土豪の家柄であり、もともとは今川家の支配下にあった。今川家の没落後は武田家に臣従したが、その後は徳川家康に付き従った。

信昌は家康に忠実な家臣であり続け、天正三年（一五七五）の三河長篠の戦いでは長篠城将として籠城、固守し、織田・徳川連合軍を大勝に導いた。その功により、翌四年には家康の長女亀姫を正室として迎えることができた。ここに家康との姻戚関係ができ、徳川家内における地位を不動のものとしたのである。

関ヶ原の合戦では本戦に参加したものの、とくに目立った戦功を残すことができなかったが、戦後、京都所司代として京都の治安維持を任された信昌は、京都本願寺に潜伏していた敗将安国寺恵瓊を捕縛するという大手柄を立てる。こうした経緯から、慶長六年（一六〇一）、上野小幡三万石から美濃加納十万石へと加増転封されたのであった。その翌年には早々に加納城二の丸に隠居し、三男忠政（ただまさ）に六万石を与え、加納藩主の座を譲った。

しかし慶長十九年（一六一四）、信昌は忠政に先立たれてしまう。その跡は七歳の嫡男忠隆（ただたか）が継いだが、まだ幼少であったため、信昌が代わりに政務をとった。その信昌も、元

和元年（一六一五）三月、六十一歳で没した。幼い孫の成長を見届けることができず、また、まだ頼りない忠隆を遺して死ぬことは無念であっただろう。信昌の代わりに忠隆の後見役を務めたのは、亀姫であった。残念ながら忠隆の子右京は生まれたときから病弱であったために嗣子としては認められず、忠隆没後、加納奥平家は断絶となった。

一方、長男家昌の家系は、信昌の死後も続いている。

慶長七年（一六〇二）に下野宇都宮十万石を賜った家昌は、慶長十九年（一六一四）、弟の忠政同様、父に先立って亡くなる。その跡は七歳の忠昌が継いだが、幼少であったため、要地である宇都宮から下総古河十一万石へ転封となった。

その後、宇都宮に入った本多正純が謀反の罪を疑われて改易されたのち、忠昌が再び宇都宮城主に返り咲いている。しかし宇都宮の藩政は落ち着かず、忠昌の死後、それに殉じた家臣が幕府の禁令を犯した罪により、忠昌の子昌能（まさよし）は二万石を召し上げのうえ、出羽山形への移封を命じられた。昌能の子はいずれも早世していたため、晩年、四女の子小次郎を末期養子として迎え、跡を継がせた（昌章（まさあきら）と改名）。貞享二年（一六八五）、昌章は宇都宮への移封を命じられ、ここに奥平氏の三度目となる宇都宮の支配が始まった。

それでも奥平氏が安住することはなく、昌章の子昌成（まさしげ）の時代、丹後宮津、豊前中津へと相次いで転封を命じられたが、中津藩において奥平氏の家系が幕末まで続くこととなった。

柳生宗矩

剣に生き、剣で成り上がった柳生一族

柳生家といえば、徳川将軍家の剣術指南役を務めた家柄としてよく知られるところであるが、もともとは大和国の土豪に過ぎなかった。そんな柳生家が世に現われる契機となったのは、石舟斎宗厳（せきしゅうさいむねよし）が剣技を極め、柳生新陰流（しんかげりゅう）を創始したことによる。柳生新陰流の誕生の背景には、永禄六年（一五六三）、宗厳と新陰流の祖・上泉信綱（かみいずみのぶつな）との出会いがあった。

当時、宗厳は中条流や新当流などの流派を学び、五畿内一の剣の使い手と称されていた。宗厳自身、剣術の腕には絶対の自信を持っていた。しかし、その自信は、信綱によって粉々に打ち砕かれる。

大和国宝蔵院で廻国修行の途上であるという剣聖・信綱と出会った宗厳は、己の腕を確かめるべく、信綱に試合を申し込んだ。ところが、まったく歯が立たなかった。一日一回、三日間にわたって試合は行なわれたが、一太刀も浴びせることができなかったのである。このとき、信綱は素手で相手の木刀を奪い取る無刀の極意を見せ、それに宗厳は感銘を受けたという。すっかり信綱の剣術の腕前に魅了された宗厳は、信綱を柳生荘に招くと、そこで約半年、信綱の手ほどきを受ける。そして永禄八年（一五六五）、無刀の極意を修得

し、新陰流の印可状を授かった。

　その後、豊臣秀吉の太閤検地によって密かに開墾していた隠田の存在が発覚すると、所領を没収されてしまい、柳生家は不遇の時代を余儀なくされた。

　しかし、文禄三年（一五九四）、柳生家に大きな転機が訪れた。無刀の極意を耳にした徳川家康が、その上覧を宗厳に命じたのである。早速宗厳は五男宗矩（むねのり）を伴い、京都郊外の鷹ヶ峰の陣屋に赴くと、無刀の極意を披露した。

「見事である」

　すっかり上機嫌になった家康は自ら木刀を振るい、目の前で無刀の極意を体感した。その妙義に感じ入った家康は剣の師範になるよう宗厳に命じたが、このとき宗厳は七十近かったため、自分の代わりに宗矩を推挙した。これが、宗矩が家康、秀忠、家光と三代将軍の剣術指南役を務めることになったいきさつである。宗矩は家康から二百石を与えられ、旗本として仕えることとなった。時に宗矩、二十四歳。

　しかし、慶長五年（一六〇〇）の関ヶ原の合戦で宗矩が功を立てたのは、剣ではなく、工作活動においてであった。

　石田三成の襲撃が真実かどうか、三成の腹心島左近（しまさこん）のもとを訪ねたり、大和および伊賀の筒井氏とともに大和に前線基地を築いたりしたのである。この働きが家康に評価され、戦後、宗矩はかつて秀吉に没収されてしまった柳生の旧領二千石の回復に成功したのであった。その翌年には秀忠の剣術指南役となり、さらに一千石を加増されている。

宗矩はとくに三代将軍家光の信を一身に集め、寛永九年（一六三二）には総目付（のちの大目付）に就任、寛永十三年（一六三六）には一万石の大名へと出世を果たした。ここに、柳生藩が誕生した。

但馬守宗矩が正保三年（一六四六）三月、七十六歳で亡くなると、嫡男十兵衛三厳（じゅうべえみつよし）が八千三百石を領したが、大名の列からは外れてしまった。

また、宗矩の三男宗冬（むねふゆ）が遺領のうち四千石を継いだ。宗冬は父同様剣術の才に恵まれ、父の代わりに家光の剣術指南役となっている。慶安三年（一六五〇）に兄三厳が突然亡くなると、四千石を幕府に返還し、兄の遺領八千三百石を相続した。

その後、宗冬は四代将軍家綱、五代将軍綱吉の剣術指南役として幕府に仕え、その功績をもって寛文八年（一六六八）十二月、大和国山辺郡に千七百石を与えられた。こうして都合一万石の所領を治めることになり、再び柳生家は大名に返り咲くことができたのである。柳生藩ではその後も宗矩の血筋が続き、幕末を迎えている。

なお、宗矩の四男義仙（ぎせん）は、剣の道を捨てて出家し、宗矩が柳生の里に建立した芳徳寺第一世住職となっている。

加藤清正

最期まで案じた豊臣秀頼の行く末

豊臣秀吉の子飼いとして、数多くの戦功を残した勇将・加藤清正が、関ヶ原の合戦で迷いなく徳川家康に与したのは、ひとえに石田三成憎さゆえにである。

もともと反りが合わなかった二人であったが、それが決定的なものとなったのは、文禄の役でのことだった。三成は小西行長と謀り、明と早期講和を取りつけて早々の撤兵を図ろうとした。しかしこれに清正が反対の意を唱えたため、三成らは秀吉にあることないことを吹き込み、清正を排斥したのである。怒った秀吉から謹慎を命じられた清正は、三成、行長への激しい憤りを抑えることができなかった。

もちろん、秀吉の死後、豊臣家をないがしろにして、天下を思いのままにする家康の行為を、清正は快く思っていなかっただろう。それでは、なぜ幼い秀頼がいるにもかかわらず、家康に与したのか。

そもそも関ヶ原の合戦自体、豊臣家と徳川家との戦いではなく、あくまでも豊臣政権内における内部抗争だった。このとき家康は豊臣家の筆頭として、突如として軍事行動を起こした石田三成を誅殺するという大義名分を抱えていたのである。そのため小山評定においても、豊臣恩顧の諸大名に対して「秀頼、及び豊臣家は石田三成の軍事行動とは無関係である」ことを強調している。あくまでも、この時点での主君は秀吉の遺児秀頼であった。「信のおけない」三成を排斥することが豊臣政権の安定につながり、秀吉の恩に報いるものであると考えたうえでの東軍参戦だった。とはいえ、家康は清正に九州における西軍方の鎮圧を命じている。やはり家康も、心の底では清正のことを警戒していたのであろう。

清正は行長の居城宇土城や、立花宗茂の居城筑後柳川城をおとすなどの活躍を見せ、戦後、肥後一国五十二万石（のち検地により五十四万石）を与えられた。

関ヶ原の合戦後、名実ともに政界の主導権を掌握した家康は、慶長八年（一六〇三）二月に征夷大将軍に就任。一方の豊臣家は摂津など六十五万石余を治める一大名へと成り下がっていた。清正は幼い秀頼のことを思うと心が張り裂けんばかりであったが、もはや時代の趨勢は徳川にあり、清正にはその身を案ずることしかできなかった。

慶長十四年（一六〇九）、清正や福島正則をはじめとした外様大名が幕府から名古屋城の修築を命じられたときのこと。不平を漏らした正則に対して、清正はこうたしなめた。

「そんなに嫌なら、ここで謀反でもしたらどうだ。はっはっはっ。そんなことはできまい。そうであれば不平など言わずにやるべきことをさっさとやり、早く休もうではないか」

時勢を嘆きながらも、耐え忍んで生きねばならなかった清正の心の苦悩が伝わってくる逸話である。それでも、清正はことあるごとに大坂城を訪れ、秀頼の御機嫌伺いをしている。慶長十六年（一六一一）三月、二条城で秀頼と家康との会見が実現したときには、清正は懐に短刀をしのばせ、いざとなったら家康と刺し違えてでも秀頼を守ろうとした。会見は何事もなく終了し、秀頼は無事、大坂へ戻っていった。それを見送った清正は、男泣きに泣いた。

「これで太閤殿下の御恩に報いることができた」

この会見を機として、豊臣家と徳川家の関係が末永くうまくいくと感じたのであろう。これにすっかり安心したのか、同年六月二十四日、清正は五十歳で秀吉のもとへと旅立ったのであった。

清正の死後は、三男忠広（ただひろ）がわずか十一歳にてその跡を継いだ。二人の兄は早世していたため、忠広が嫡男となったのである。

しかし寛永九年（一六三二）六月一日、「平素の行跡正しからず」という名目で、なんと肥後五十四万石を没収されてしまう。忠広は出羽庄内への流罪となり、そのまま同地で没した。享年五十三。こうして清正の家系の加藤家は断絶となった。

なお、清正の次女瑤林院（ようりんいん）（八十姫（やそひめ））が紀州藩祖徳川頼宣の正室となっているが、残念ながら実子には恵まれなかった。

福島正則

まさかの改易にもめげずに幕臣として生き残った子孫

加藤清正同様、福島正則も豊臣秀吉の子飼いとして数々の戦場で軍功を挙げた武将である。やはり朝鮮出兵の際、石田三成ら軍監と反目した正則は、三成憎しの思いから秀吉の死後、徳川家康に近づいた。

慶長五年（一六〇〇）七月二十五日の小山評定にて、居並ぶ諸将のなかで真っ先に家康に与することを誓った正則であったが、これは、前もって黒田長政に懐柔されていたからである。ただし、あくまでも「家康が秀頼を粗略に扱わないこと」という条件付きのものであった。三成は豊臣家における奸臣であり、それを除くことが秀頼のためになると正則は考えていた。三成を排除したのちは、家康が秀頼を補佐し、豊臣家の繁栄に尽くすことを信じてやまなかったのである。このように、正則という人は大変に愚直な人物であった。家康が清正を会津遠征に同行させず、一方正則を同行させたのは、正則であれば意のままに扱い易いと考えていたからだろう。

いざ合戦においては、正則は目覚ましいまでの活躍を見せた。西軍方の岐阜城を陥落させたほか、九月十五日の本戦では対峙する宇喜多秀家隊を打ち崩している。この功績をもって、戦後、正則は尾張清洲二十四万石から安芸・備後四十九万八千二百石へと大栄達を遂げた。

ところが、関ヶ原の合戦後、正則は己の過ちに気がつく。家康が動いていたのは豊臣家のためではなく、自身の天下取りへの野望のためだったのである。

天下の趨勢は家康へと傾いており、もはや取り返しのつかない事態となっていたが、それでも正則は豊臣家への忠節を貫いた。慶長八年(一六〇三)七月、秀頼が徳川秀忠の娘千姫と結婚した際には、ほかの大名に働きかけて秀頼に忠誠を誓う起請文を奉っている。

もちろん、家康にとってこうした正則の行動は目障りであったし、いつ自分に背くかわからない危険人物であった。

そのため大坂冬の陣、夏の陣の際、正則は江戸の留守居役を命じられている。江戸において、正則は表向きは従順に振る舞いながらも、その裏では大坂屋敷に蓄えていた米八万石を大坂方に接収される際にも黙認したと伝わる。なお、二男忠勝が幕府軍として参加しているが、これは家を守るためのやむを得ない選択だったのだろう。

豊臣家が滅亡すると、危険分子たる正則は次の標的とされた。

元和五年(一六一九)六月二日、正則は突如として改易を言い渡されてしまう。『武家諸法度』で定められているにもかかわらず、広島城を無断で修築したというのが幕府の言い分であった。しかし、前もって正則は老中本多正純に修築の許可を願い出ているので、幕府の意図的な改易であったと見ることもできよう。こうして正則は安芸・備後四十九万八千二百石を没収され、信州川中島、越後魚沼郡四万五千石への転封を余儀なくされた。

同年、高井郡高井野村に入った正則からは、もはやかつての気概は失われていた。忠勝に家督を譲ると、自らは蟄居生活に入ったのである。元和六年（一六二〇）、その忠勝が正則に先立って亡くなってしまい、正則の心はより一層陰鬱なものとなった。越後二万五千石は忠勝に与えられたものであったため、正則はこれを幕府に返上。寛永元年（一六二四）、正則は失意のまま、この世を去った。享年六十四。

福島家の不幸はまだ続く。正則の遺体は家臣らによって火葬に処されたが、幕府の検使が遺体を改める前に行なってしまったがために、これを咎められ、残りの所領もすべて没収されてしまったのである。しかしその翌年、正則の功績を慮り、正則の末子正利に三千石が与えられた。とはいえこれにより、福島家は大名から旗本へと格下げとなった。

正利に嫡子はなく、一時福島本家は断絶となったが、天和元年（一六八一）、京都にいた忠勝の子正長が五代将軍徳川綱吉に召し出されると、上総国二千石を与えられ、小姓組番頭に取り立てられた。こうして福島家は再興し、その子孫は御旗奉行、書院番を務めるなど、幕臣として生き残った。

山内一豊

土佐で待ち受けていた長宗我部氏遺臣たちとの軋轢

妻千代の内助の功の逸話がよく知られる山内一豊(やまうちかずとよ)は、織田信長、豊臣秀吉に仕えて数々の戦功を残した武将である。天正十八年（一五九〇）には、秀吉から東海道の要地である掛川城五万石を与えられている。これは江戸の徳川家康に対する備えであったが、一豊はこの頃から家康と誼を通じていた。家康が掛川を通過する際は、必ず一行を手厚くもてなしていたのである。

次なる天下人が家康であると一豊が読んでいたのかは定かではないが、秀吉の死後は、自然と家康に近づいた。

一豊が家康の信を確実なものとしたのは、会津征討に従軍したときのことである。慶長五年（一六〇〇）七月二十四日深夜、下野小山にほど近い諸川に布陣していた一豊のもとに、妻千代からの密書が届けられた。この密書には、大坂における石田三成らの動向や、西軍によって留め置かれている諸大名の夫人、子女の様子が事細かに記されていたと考えられている。一豊は封をしたまま、家臣に命じてこの密書を家康のもとへ届けさせた。こうして三成の挙兵が確実なものであることを知った家康は、二十五日、諸将を小山に集め、その後の戦略について話し合ったのである（小山評定）。一豊の行動は家康を感激させるに充分なものであったが、二十五日の会議で、一豊は家康に対してさらなる忠誠心を示した。居城掛川城を兵糧ごと家康に差し出すことを申し出たのである。この一豊の発言をきっかけとして、去就に迷っていた豊臣恩顧の諸大名たちもみな、家康に城を差し出すことを誓った。こうして家康は掛川城、浜松城（堀尾忠氏）、吉田城（池田輝政）、清洲城（福島正則）など、上方への要地に位置する十余の城を手中に収め、流れは一気に打倒石田三成へ傾いたのである。一豊の申し出は、家康にとってまさに値千金のものであった。

関ヶ原の合戦ののち、一豊は土佐国九万八千石を与えられ、その後、さらに加増されて二十万石を領することとなった。合戦ではとくに目覚ましい働きがなかった一豊が土佐国の大大名となれたのは、ひとえに小山評定における功績によるといえる。

しかし土佐国において、一豊を待ち受けていたのはそれまで土佐を治めていた長宗我部氏の遺臣たちによる強い反発であった。一豊入国前の慶長五年（一六〇〇）十一月には城の引き渡しを拒む者らによる浦戸一揆が勃発、慶長八年（一六〇三）には遺臣が農民らを扇動して滝山一揆を起こしている。

一豊は彼らの不満を抑えつつ、新たに高知城を築き、城下町の建設に乗り出した。そして掛川城主以来の家臣を重用し、支配体制の強化を図ったのである。彼らの身分は「上士」とされた。一方、古くから長宗我部氏に仕えていた武士の身分を「郷士」とし、主に農地開発を担当させた。つまり、長宗我部氏の遺臣たちは、ほとんど農民と変わらぬ生活を余儀なくされたのである。一豊は慶長十年（一六〇五）九月、六十歳で没したが、この一豊の政策が土佐藩内における身分差別を生み、それは幕末まで続いた。たとえば、上士と郷士とは婚姻関係を結べなかった。また、郷士は上士と道ですれちがえば、たとえ雨が降っていたとしても土下座をせねばならなかったのである。

幕末、日本に尊皇攘夷の嵐が吹き荒れたとき、土佐藩内でそれに触発され、行動を起こした者の多くは郷士だった。土佐勤王党を組織した武市瑞山しかり、坂本龍馬しかりである。十五代藩主・山内豊信（容堂）は徳川家への恩義から、幕府に牙を剥く彼らを徹底的に弾圧した。土佐藩にいたのでは、たとえ優秀な人物であっても出世することはかなわず、志を成し遂げることができない――そう考えた郷士階級の志士たちは藩に見切りをつけて脱藩し、国事運動に奔走したのである。

しかし、倒幕の機運が高まるなかで、容堂の思想に少しずつ変化が現われるようになる。幕府はなくなるかもしれないが、為政者としての徳川家をなんとか存続させるべく、十五代将軍徳川慶喜に大政奉還を建白したのである。慶応三年（一八六七）十月十四日、慶喜は大政奉還を行ない、ここに江戸幕府の歴史に終止符が打たれたのであった。

前田利長

家康に翻弄されながらも現出した日本最大の藩

豊臣秀吉の親友であり、五大老のなかで徳川家康に次ぐ地位にあった前田利家は、秀吉の死後もただ一人、徳川家康を抑え得る存在だった。利家の没後、その跡を継いだのは嫡男利長である。秀頼の傅役として五大老に列した利長であったが、その地位は五大老のなかでは末席に過ぎなかった。しかしそれでも、家康にとって前田家の存在は脅威であった。

そこで家康は一計を案じ、利長を大坂から国許・加賀へ帰らせようとした。

「三年の間は加賀に帰国してはならぬ」

利家は死ぬ間際、利長に対してこのような遺言を残したが、利長は母芳春院（まつ）と相談のうえ、重臣たちの反対を押し切って加賀に下向した。

「前田家の命運はこれで尽き果てたか――」

利長の帰国に対し、重臣たちはこのように嘆いたと伝わる。

慶長四年（一五九九）九月、重臣たちの不安が現実のものとなる。なんと利長は、家康暗殺という謀反の首謀者に祭り上げられてしまうのである。もちろんこれは讒言によるものであったが、家康はこれを機とばかりに大坂にいた芳春院、利長の妻らを人質とすると、諸将に加賀征討を命じたのであった。この危急に対し、利長は芳春院を人質として江戸に送り、家康に臣従を誓うという苦渋の選択を強いられた。

こうして利長は、あわやという危機を切り抜けることができたが、一方で、前田家の独立性は失われてしまった。豊臣につくか、徳川につくか——その答えはもはや言わずもがなであった。実際、石田三成も「利長が老母を人質として江戸へ遣わしている以上、家康に対して疎略なきように致すであろう」と信濃の真田昌幸に対して書状を認(したた)めている。

日本最大の加賀藩の誕生

慶長五年（一六〇〇）七月二十六日、家康に与した利長は、二万五千の軍を率いて金沢城を出立すると、八月三日、越前との国境にある西軍方の大聖寺(だいしょうじ)城をおとした。その後、越前金津にまで進軍するも、八月五日、突如として金沢城へ帰還した。これについて、「西軍方が海上から加賀に侵攻しようとしている」、「伏見城の救援のために出立したものの、肝心の城が西軍方の手におちたために帰城した」などといわれている。

利長が再び軍を進めたのは、九月十一日のことである。十五日の本戦には間に合わなかったが、二十二日、家康と大津で面会した利長は、加賀における軍事行動が東軍に有利な情勢をもたらしたと家康から賞され、十月十七日、加賀・越中・能登の三国、百二十二

前田家略系図

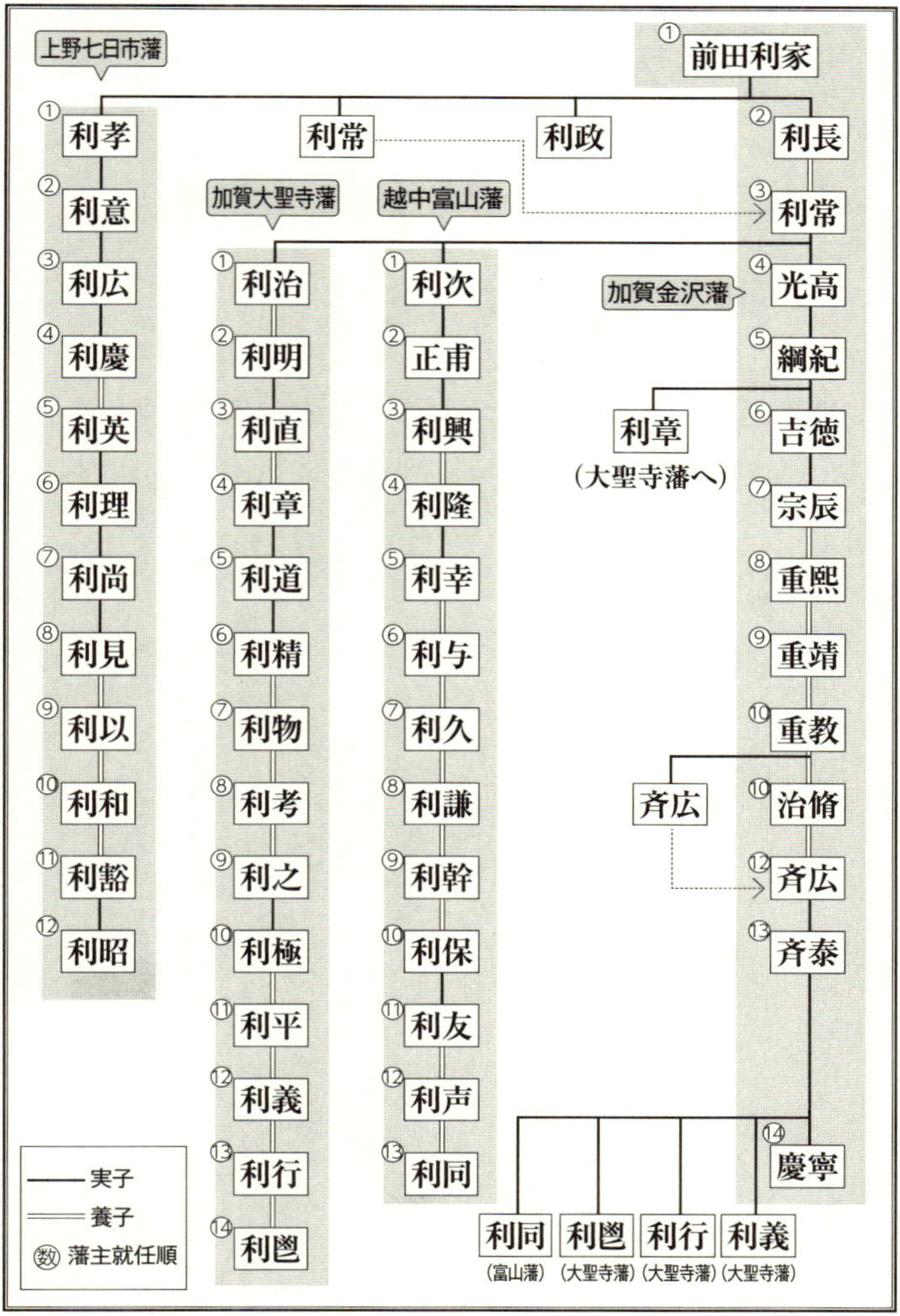

上野七日市藩
①利孝
②利意
③利広
④利慶
⑤利英
⑥利理
⑦利尚
⑧利見
⑨利以
⑩利和
⑪利豁
⑫利昭
利常
利政
加賀大聖寺藩
①利治
②利明
③利直
④利章
⑤利道
⑥利精
⑦利物
⑧利考
⑨利之
⑩利極
⑪利平
⑫利義
⑬利行
⑭利鬯
越中富山藩
①利次
②正甫
③利興
④利隆
⑤利幸
⑥利与
⑦利久
⑧利謙
⑨利幹
⑩利保
⑪利友
⑫利声
⑬利同
①前田利家
②利長
③利常
④光高
加賀金沢藩
⑤綱紀
利章
(大聖寺藩へ)
⑥吉徳
⑦宗辰
⑧重煕
⑨重靖
⑩重教
斉広
⑩治脩
⑫斉広
⑬斉泰
⑭慶寧
利同
(富山藩)
利鬯
(大聖寺藩)
利行
(大聖寺藩)
利義
(大聖寺藩)
実子
養子
数 藩主就任順

万五千石を与えられた。ここに、日本最大の加賀藩が誕生することになったのである。

関ヶ原の合戦から五年後の慶長十年（一六〇五）六月、利長はわずか四十四歳で隠居する。利長には男子がなかったことから、養嗣子としていた異母弟で、十二歳の利常（としつね）に家督を譲った。とはいえ、これはあくまでも表向きのことだった。本家筋では家康に臣従すると見せながらも、自身は前田家隠居の立場から秀吉の遺子・秀頼を家康から守ろうとしていたのである。家を守りながらも、豊臣家への恩義を忘れない、利長の心意気であった。

しかし慶長十九年（一六一四）五月二十日、大坂冬の陣を目前にして利長はこの世を去った。人質とされていた芳春院が解放され、金沢への帰郷を果たしたのは、それから一ヶ月後のことである。家康が利長を警戒し続けていたことがわかる。

その後、加賀藩は三代利常が徳川秀忠の娘珠姫を正室とし、五代藩主・綱紀（つなのり）の時代に全盛期を現出。綱紀は名君としての誉れ高く、学問の振興や工芸の発展にも力を入れた。兼六園が造営されたのも綱紀の治世で、現代の「工芸王国・金沢」の基盤は、このときに築かれた。

幕末、加賀藩では大政奉還の時点まで幕府を支持していたが、幕府軍が鳥羽・伏見の戦いに敗北すると急に方針を変え、新政府に帰順している。

黒田長政

東軍勝利の立役者、福岡発展の基盤を築く

「いま天下平定がなったのは、誠に長政の忠節があったからである」

関ヶ原の合戦後、徳川家康が黒田長政をこう誉め称えたように、合戦における最大の戦功を残したのは、長政をおいてほかにいないだろう。

父如水に従って豊臣秀吉に仕えた長政は、天正十年（一五八二）四月二十六日、毛利方の冠山城攻めにおいて初陣を果たすと、その翌年の賤ヶ岳の戦いでは敵将の首級を挙げる活躍を見せ、秀吉から二千四百五十石を賜った。その後も数々の軍功を残し、天正十七年（一五八九）、如水が隠居すると、その跡を継いで豊前中津城主となった。

このように長政は豊臣政権下、加藤清正、福島正則などとともに武断派の武将として活躍したわけであるが、石田三成をはじめとした奉行派の武将とはやはり折り合いが悪かった。とくに朝鮮出兵の際、蔚山（ウルサン）城に籠る清正を救った手柄を三成によって過小評価されたことで、三成憎しの思いが高まった。秀吉の死後、長政が家康に近づいたのは必然であったが、次の天下人を担う人物を見抜いた先見性もまた、家康への忠節の念を深めた一因だった。慶長五年（一六〇〇）六月には、家康との結びつきを深めるため、正室だった蜂須

賀正勝の娘を離縁すると、家康の養女栄姫（保科正直の娘）を新たな正室に迎えている。

長政の最大の功績は、豊臣恩顧の諸大名を徳川方に引き込んだことにある。まずは福島正則である。七月二十五日の小山評定において、真っ先に家康に与することを誓った正則であったが、これは長政の説得があったればこそであった。それだけではない。秀吉の子飼いである正則が家康への味方を申し出たことにより、ほかの豊臣恩顧の大名もまた、家康に与することを誓った。このことを考えると、正則を引き入れた長政の功績がいかに大きなものであったのかがわかる。

また、毛利方の吉川広家と通じ、西軍の総大将毛利輝元を参戦させなかった点にも、大きな評価が与えられよう。結果的に吉川広家、輝元の名代として関ヶ原に馳せ参じていた秀元が傍観を決め込んだことが、戦の帰趨に大きな影響を与えているのである。さらに、東軍に勝利を呼び込んだ小早川秀秋の裏切りもまた、長政の調略の成果であった。

もちろん武においても東軍に多大な貢献をなしている。九月十五日の合戦当日、東軍の右翼先鋒を務めた長政は、石田三成隊の蒲生将監（しょうげん）、島左近を討ち取るなどの活躍を見せた。

戦後、豊前十八万石から筑前五十二万三千石へと加増されたが、その貢献度を考えると当然の結果といえるかもしれない。

筑前には海外貿易の拠点として栄えていた商都博多があり、また九州一の穀倉地帯を擁

黒田家略系図

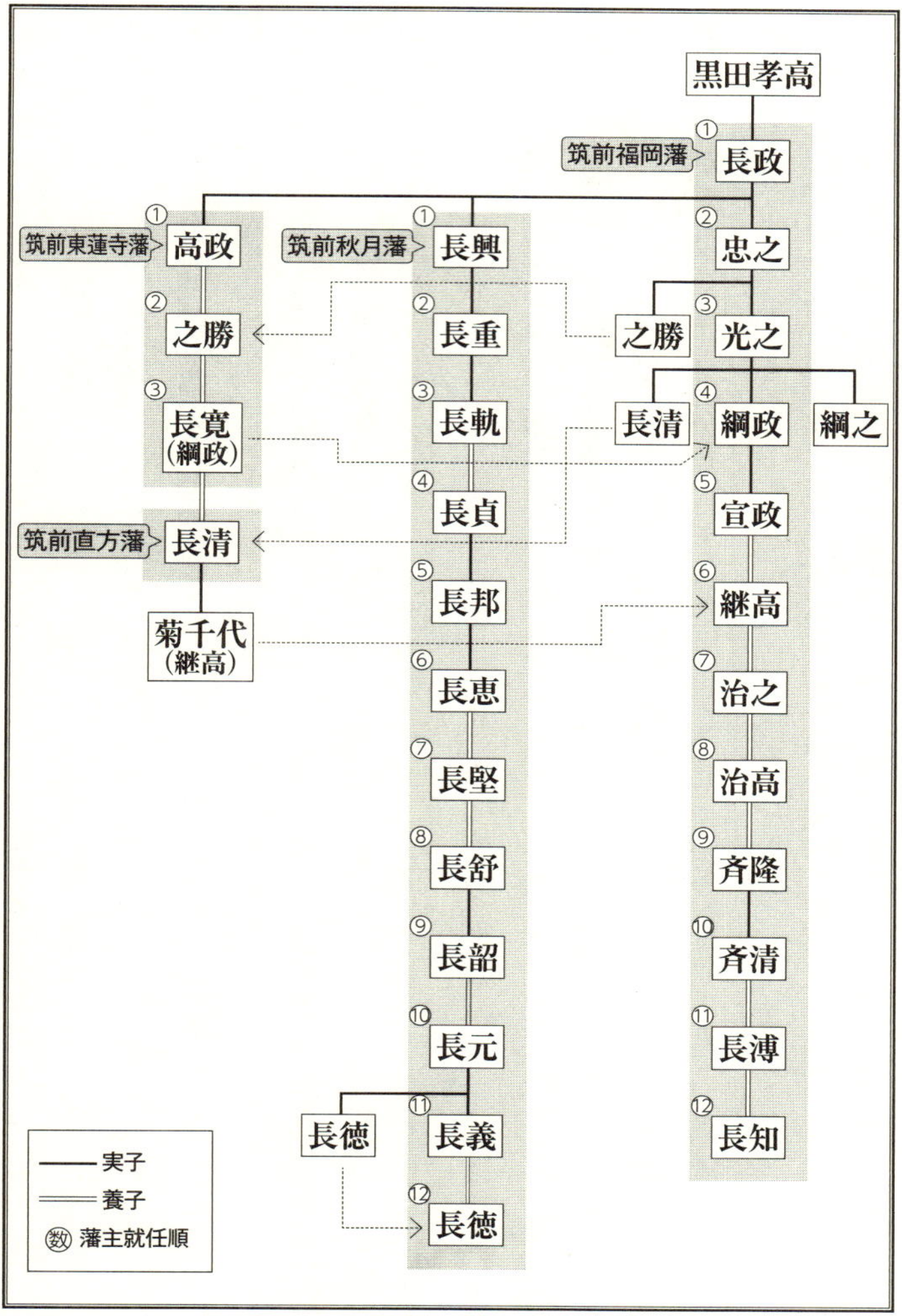
黒田孝高
筑前福岡藩
①長政
②忠之
③光之
之勝
長清
④綱政
綱之
⑤宣政
⑥継高
⑦治之
⑧治高
⑨斉隆
⑩斉清
⑪長溥
⑫長知
筑前東蓮寺藩
①高政
②之勝
③長寛（綱政）
筑前直方藩
長清
菊千代（継高）
筑前秋月藩
①長興
②長重
③長軌
④長貞
⑤長邦
⑥長恵
⑦長堅
⑧長舒
⑨長韶
⑩長元
⑪長義
長徳
⑫長徳
実子
養子
藩主就任順

することから、実際の石高は百万石を越えるといわれるほど豊かな地だった。

当初、長政は名島城を拠点としたが、博多に近い福崎の地を福岡と改称し、そこに新たに城を築くこととした。福岡という名は、黒田氏が備前福岡から家を興したという故事にちなむと伝わる。長政は福岡藩初代藩主として福岡博多の産業を奨励し、現代へと通ずる福岡発展の基礎を築いた。

元和九年（一六二三）八月四日、長政が五十六歳で亡くなると、その跡を嫡男忠之（ただゆき）が継いだ。長政はこの嫡男の器量に一抹の不安を抱いていたようで、一時は廃嫡を考えるほどであったが、家老栗山大膳（だいぜん）に諫められて思いとどまったという。

しかし、長政の不安は現実のものとなる。忠之は寵愛する小姓倉八十太夫（くらはちじゅうだゆう）をなんと一万石の重職に抜擢するという暴挙に出るのである。さらには寛永二年（一六二五）、幕府の規制を越える五百石積の大船鳳凰丸をわざわざ建造し、咎めを受けるといった失態を犯したのだ。家臣らは、このままでは黒田家が取り潰しになってしまうと危機感を募らせた。

そんななかで大膳が立ち上がり、「主君の忠之、幕府に謀反の疑いあり」との陳述書を提出したのである。結局この一件は大膳のご乱心であると結論づけられたが、結果的に黒田家の所領は安堵され、明治に至るまでその血筋を継いでいったのである。

黒田如水

賢すぎる息子に残した君主たる者の心得

「私は博打がうまいが、そのほうは下手である。もし関ヶ原の合戦で家康と三成が百日間でも戦っていたのであれば、その間に九州を平定し、その勢いで天下を手中に収めていたものを――」

慶長九年（一六〇四）三月二十日、黒田如水（孝高）が五十九年の生涯を閉じる前、子の長政に対してこのように語ったといわれる。これは、長政の謀略を皮肉ったものだ。長政が裏で西軍諸将の切り崩しを図ったがために、天下分け目の合戦はわずか一日で終わってしまったからである。

関ヶ原の合戦時における如水の動きは、まさに破竹の勢いであった。早々に家康に与することを宣言していた如水は、兵を集めるや加藤清正、鍋島直茂と共闘し、島津領を除く九州全土を攻めおとした。このまま島津領をおとして九州全土を平定したのち、十万の兵で東上するというのが如水の思い描いていたシナリオだった。

しかし、慶長五年（一六〇〇）九月十九日、如水が思ってもみなかった早さで東軍勝利の報が届く。それでも如水は島津領への侵攻を続けた。家康の再三に渡る呼びかけに応じ、如水が兵を引き上げたのは、十一月二十三日のことだった。

戦後の慶長六年（一六〇一）、如水は伏見で家康と面会。九州平定の功績を称えられ、上方において領土を与えるとの沙汰がなされた。しかし、如水は老いているという理由でこれを固辞すると、太宰府天満宮内に建てられた草庵で茶道や和歌などをたしなみ、安穏たる隠居生活を送った。

最期は親心か、長政に君主たる者の心得を訓戒している。

「いまわしが死ねば、わしの家中はもとより、お前の家臣の者も嘆くだろう。しかし、逆にお前が死んでわしが生きていたら、みな黒田の家は大丈夫だろうと思うだろう。家臣らにそのように思われるのは、お前の普段の心掛けが悪いからである。気をつけるよう」

そして草履と木履（ぼくり）を片方ずつと溜塗（ためぬり）の弁当箱を形見の品として与えた。

「（片方だけだから役には立たないなどと）分別が先に立つと、大きな合戦はできない。お前は賢いので、先が見えすぎて大きなことができぬ。弁当箱は兵士が上下の身分によらず用いるものである。無理をせず、兵糧を蓄えて大事に備えることが肝要である」

如水は側室を持たず、子どもは長政一人だけであったので、やはりその行く末が心配だったのであろう。黒田家が無事幕末まで福岡藩に続いたのも、如水の遺言のおかげかもしれない。

細川幽斎

当代一の文化人が過ごした悠々自適の隠居生活

細川幽斎（ゆうさい）はもとの名を藤孝（ふじたか）という。本能寺の変後に剃髪して幽斎と号した。

幽斎という武将にとって、教養は武士として必須の要件であった。

武士（もののふ）の　知らぬは恥ぞ　馬茶の湯　はじより外に恥はなきもの

歌連歌　乱舞茶の湯を　嫌う人　そだちのほどを　知られこそすれ

このような歌を残していることからも、そのことがうかがい知れよう。実際、幽斎自身、有職故実（ゆうそくこじつ）、茶の湯、和歌、連歌、蹴鞠（けまり）、囲碁、料理などあらゆる芸能事に通じ、当代一の文化人であるとして広く名が知れ渡っていた。とくに歌道では三条西実枝（さねき）から古今伝授（こきんでんじゅ）（『古今和歌集』の歌の解釈を秘伝として継承）を授かるほどであった。もちろん、武芸百般にも通じていた。

幽斎の才覚は、時の天下人たちをも魅了した。室町幕府十二代足利義晴、十三代義輝、十五代義昭と三代の将軍に仕えたのちは織田信長、豊臣秀吉に重用された。さらには歌道を通じて天皇家ともつながりを持っていたのである。

この生き様が、関ヶ原の合戦において幽斎の命を救うことになる。

慶長五年（一六〇〇）六月、徳川家康の会津征討に際し、嫡男の忠興をはじめ、細川家の主だった武将らはこれに付き従った。国許である丹後には、幽斎ほか五百余の兵が残ることになった。このとき、幽斎は六十七歳だった。

しかし家康が大坂を不在にした隙を突き、石田三成が挙兵する。そして忠興の不忠を糾弾するや、丹波福知山城主小野木公郷に幽斎の籠る田辺城攻めを命じたのである。

七月二十日、丹後の国境に現われた小野木勢の数は一万五千余。戦況は火を見るよりも明らかであったが、攻防戦はじつに六十日近くにわたって繰り広げられることになった。田辺城が難攻不落の要害であったことも一因であるが、攻城軍のなかには幽斎を師と仰ぐ者が多くおり、空砲を撃つなど攻撃の手が鈍かったことも理由として挙げられる。

籠城戦が続くなか、朝廷が動いた。まず幽斎の歌道の弟子だった八条宮智仁親王が事態を憂慮し、使者を遣わして城を明け渡すよう勧告する。しかし幽斎はこれを拒み、あくまで籠城を続ける構えを見せた。そして親王に対し、「私は討死を覚悟しております。そこであなたに古今伝授の証書をことごとく献じたいと存じます」と伝え、古今伝授に関する書類を収めた文箱とともに、一首の和歌を贈った。

古も　今もかわらぬ　世の中に　こころのたねを　残す言の葉

愕然とした親王であったが、幽斎を死なせたくない一心で、兄の後陽成天皇に訴え出る。

細川家略系図

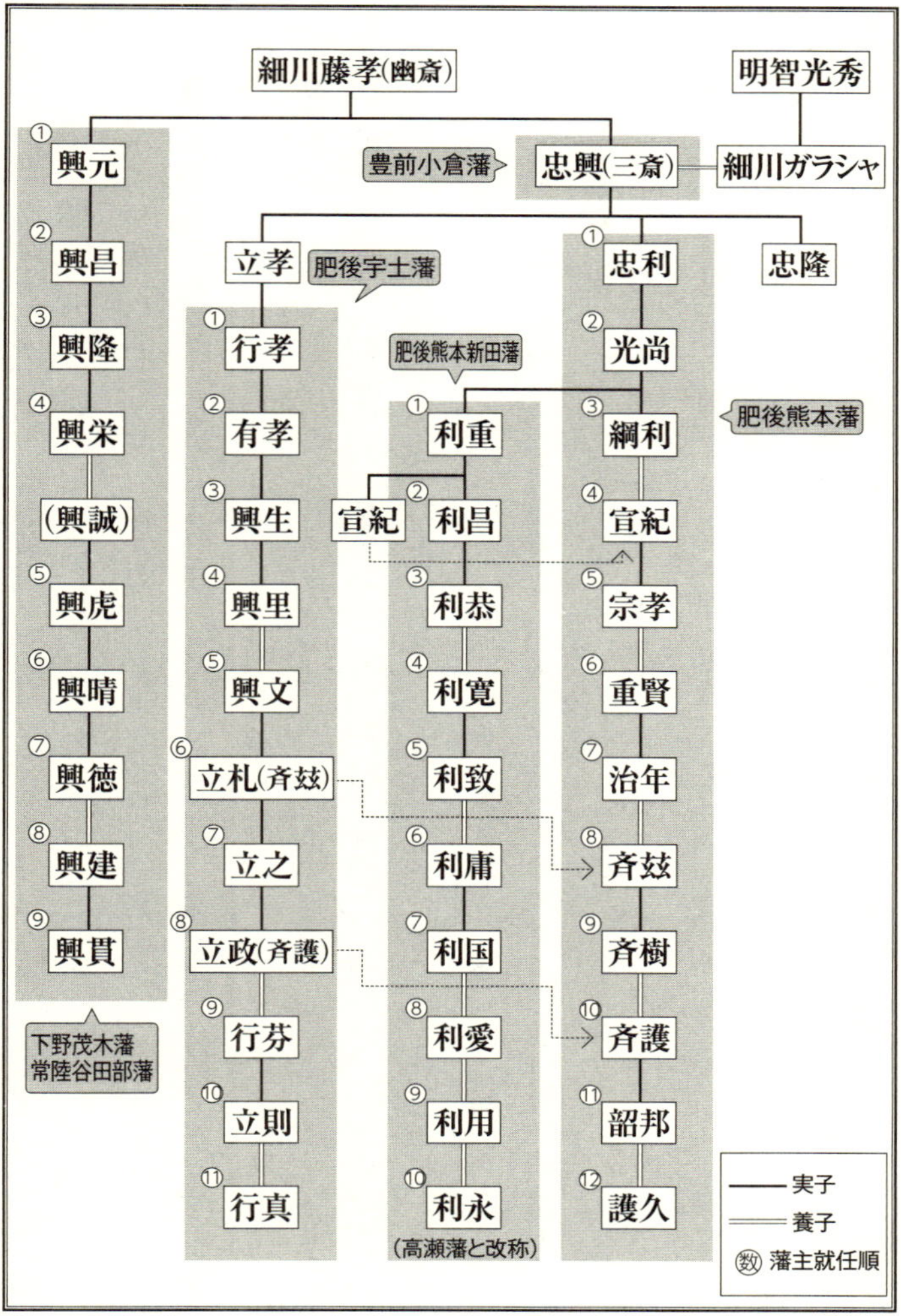

細川藤孝(幽斎)
明智光秀
細川ガラシャ
豊前小倉藩
忠興(三斎)
①興元
②興昌
③興隆
④興栄
(興誠)
⑤興虎
⑥興晴
⑦興徳
⑧興建
⑨興貫
下野茂木藩
常陸谷田部藩
立孝
肥後宇土藩
①行孝
②有孝
③興生
④興里
⑤興文
⑥立礼(斉茲)
⑦立之
⑧立政(斉護)
⑨行芬
⑩立則
⑪行真
肥後熊本新田藩
①利重
宣紀
②利昌
③利恭
④利寛
⑤利致
⑥利庸
⑦利国
⑧利愛
⑨利用
⑩利永
(高瀬藩と改称)
①忠利
忠隆
②光尚
③綱利
肥後熊本藩
④宣紀
⑤宗孝
⑥重賢
⑦治年
⑧斉茲
⑨斉樹
⑩斉護
⑪韶邦
⑫護久
実子
養子
数 藩主就任順

ここに天皇も、幽斎が死に古今伝授が失われるのを恐れ、直々に停戦を命じる勅使を遣わした。幽斎は勅命を畏み、城を明け渡した。九月十三日のことであった。

関ヶ原の合戦後の九月二十日、幽斎は子の忠興と再会する。このとき、忠興は幽斎が田辺城を明け渡し、生き長らえたことに憤りを感じていたようであったが、これに対して幽斎はこう言った。

「命が惜しかったのではない。三度も勅使を遣わされながら下城しない者などいようか」

これを聞くや、忠興は思慮のなさを恥じ、ただ涙に暮れたと伝わる。

十一月二日、家康から細川父子に論功行賞の沙汰が下された。このとき家康は、幽斎に上方の一国を与えようとしたというが、幽斎はこれを拒否した。もはや自分の時代は終わっており、残りの人生はのんびり歌を楽しみたいと思ったのだろう。家康はこれを容れ、代わりに隠居料として六千石を賜った。

京都三条に屋敷を構えた幽斎は、そこで和歌の会を開いたり、古典の校訂を行なったりと、悠々自適の生活を営んだ。また、有職故実に通じていたことから、家康から頼み込まれ、足利将軍家の儀礼のことごとくを教えたという。慶長十五年（一六一〇）夏頃から病を抱えるようになり、八月二十日、自邸にて逝去した。享年七十七。幽斎の死を悼み、二代将軍徳川秀忠は三日間大好きな碁将棋を慎み、弔意を示したと伝わる。

細川忠興

「むごき者」が現出した細川家の栄達

父細川幽斎同様、嫡男忠興（号三斎）もまた文化人であった。とくに茶の湯では茶匠千利休の弟子・利休七哲の一人に数えられたほどである。しかし静寂と清浄さを尊ぶ茶の湯の精神とは裏腹、じつに苛烈な人物であった。

慶長五年（一六〇〇）七月二十五日、小山評定で諸将に率先して誓紙を差し出し、徳川家康の心証を良くした忠興は、九月十五日の本戦では石田三成隊と対峙し、首級百三十余を得る活躍を見せた。その功績が認められ、戦後の論功行賞では丹後十二万石から、豊前国に加え、豊後国国東郡、速見郡の一部、計三十九万九千石への加増となった。豊前に入った忠興はまず小城であった小倉城の改修工事に取り組み、完成後、そこに政庁を移した。豊前小倉藩の始まりである。

もともと家康は忠興に丹後宮津に加え、但馬国を与えようとしていた。しかし家康の腹心である井伊直政が家康に次のような献言をした。

「越中守（忠興）はむごき者でございますから、上方の近辺に置くのは家康様のためにはなりますまい」

家康はこれを聞き入れ、忠興を遠国である豊前へ遠ざけたのである。

忠興がいかに「むごき者」であったのか、それを示す逸話には事欠かない。合戦後のことである。嫡男忠隆の妻は前田利家の娘千世であったが、忠興の妻ガラシャが大坂で石田三成の人質となることを拒んで死を遂げたとき、千世は宇喜多秀家の正室であった姉を頼り、屋敷から逃れ出た。忠興は千世が自分だけ逃れたことを咎めるとともに、これを機に忠隆と離縁させ、前田家との縁を切ろうとした。これによって徳川家からの信を篤くしようとした狙いもあっただろう。しかし忠隆はこれに逆らい、妻をかばった。自分の意見に口答えをしたことが許せなかったのか、これに怒った忠興は忠隆を廃嫡してしまうのであった。また、大坂の陣において、二男興秋（おきあき）があろうことか豊臣方として参戦した。戦後、家康は忠興の長年の功に免じて興秋を許そうとしたが、忠興の腹の虫は収まらなかったようで、元和元年（一六一五）六月六日、興秋に切腹を命じたのである。たとえ血を分けた我が子であろうが、気に入らなければ処断することもやぶさかではなかった。まさに「むごき者」である。

元和六年（一六二〇）、齢五十九を数えたとき、忠興は小倉藩主の座を退き、豊前中津城にて隠居生活に入る。跡は三男の忠利（ただとし）が継いだ。

寛永九年（一六三二）には加藤家の改易に伴い、忠利は肥後五十四万石への国替えを命じられた。これには、外様大名でありながらも徳川家への忠節が著しい細川家を九州の要の地に置くことで、北は筑前の黒田、佐賀の鍋島、南は鹿児島の島津といった三十万石を超える大藩を牽制するという幕府の意図が秘められていた。忠興もまた肥後に移動し、八代城で隠居生活を営んだ。

しかし、忠興の性格に変わりはなかったようだ。家臣らがすっかり自分のもとに御機嫌伺いへ来なくなったことを不満に思った忠興がそれを忠利に問い詰めたり、三代将軍家光の疱瘡（ほうそう）快癒の祈願をした忠利がそれを忠興にも行なうよう促すと、忠興はそれをしたくないと突っぱねるといったこともあった。

寛永十八年（一六四一）三月十七日、忠利は父に先んじて五十六歳で没し、その跡を嫡男光尚（みつなお）が継いだ。忠興が亡くなったのは、正保二年（一六四五）十二月二日のことであった。享年八十三。死に際し、忠興は光尚に対して従弟の行孝（ゆきたか）（四男立孝（たつたか）の遺児）に宇土・益城郡内に三万石の領地を与えるようにとの遺言を残した。晩年になり、忠興も少しは丸くなったのか、それとも孫かわいさゆえか。こうして熊本藩の支藩として宇土藩が誕生した。

熊本藩では細川家の血筋が続き、幕末、京都に新政府が誕生すると、十一代藩主韶邦（よしくに）の弟長岡護美（もりよし）が参与として参加している。

加藤嘉明

松山城の完成前に移封を命じられた無念

豊臣秀吉の子飼いの将として、幼い頃から福島正則、加藤清正らとともに小姓や馬回りとして近侍した加藤嘉明(よしあき)は、長ずると武をもって秀吉の覇道に貢献した。天正十一年(一五八三)の賤ヶ岳の戦いでは勇猛果敢な戦いぶりが称され、「賤ヶ岳の七本槍」の一人に数えられている。

武に優れていただけではなく、戦場における駆け引き、兵站業務、さらには流通や農政にも長けていたといい、武勇智謀類稀なる武将だった。

秀吉の死後は、ほかの武断派の諸将と同様に、徳川家康に近づいた。失敗に終わっているが、慶長四年(一五九九)には福島正則、黒田長政、細川忠興、浅野幸長、池田輝政らとともに石田三成を殺害しようと企てているので、やはり三成憎さゆえでの選択だっただろう。

関ヶ原の合戦では岐阜城、大垣城の攻略、九月十五日の本戦では石田三成隊を突き崩すなどの活躍を見せ、戦後、伊予松前二十万石を与えられた。

松山城の完成を見ずに会津へ

当初、松前城に入った嘉明だったが、慶長七年（一六〇二）一月、勝山の地に新城を築くことを思い立った。新城の築城とともに、慶長八年（一六〇三）、本拠を勝山へと移した嘉明は、この地を「松山」と改称する。いまに続く松山の歴史は、ここから始まったのである。

嘉明が想定していた松山城は、外周が四キロメートルに及ぶ巨大な城郭であり、工事は遅々として進まなかった。大天守と二層の小天守を擁する本丸が完成したのは慶長十年（一六〇五）六月、三の丸の完成はさらにその二年後のことで、その後も城内の普請作業は延々と続いたのである。

一方、伊予川、石手川といった暴れ川の水利を整えて良田を拓き、表高は二十万石であったが、実質四十万石ほどの収入を得るほどの豊かな国をつくり上げた。

松山城の築城は嘉明の残りの人生を懸けた一大事業であったが、悲しいかな、嘉明が松山城の完成を目にすることはなかった。寛永四年（一六二七）、幕府から陸奥会津四十三万五千石への移封を命じられてしまったのである。

この転封は、もともとの会津藩主蒲生家の改易に伴うものだった。会津は奥州の喉元にあたる重要な土地だったために、徳川家への忠節著しい嘉明に白羽の矢が立ったのである。一説に、藤堂高虎が嘉明を三代将軍家光に推薦したからだという。嘉明と高虎とは犬猿の仲であったというが、高虎は「二人が不和なのは私事であり、会津のことは公事に属する。嘉明を差し置いてほかに適任者はいない」と主張したと伝わる。それほど嘉明の手腕に一目を置いていたのであろう。

当初、嘉明はこれを固辞した。「会津は枢要な地でございますが、私は老いぼれの身、また家臣のなかにも武勇に優れた者はみなこの世を去ってしまいました。とてもそのような重責が務まるとは思いませぬ」と家光に申し入れたのである。手塩にかけて発展させてきた松山の地を離れるのはしのびないという思いもあったことだろう。

しかし家光がこれを退けたため、嘉明は会津若松への転封をやむなく受け入れたのであった。

寛永四年（一六二七）五月四日、こうして会津若松に入封した嘉明は、心機一転、新しい地でも道路の整備や、蝋や漆などの産業の育成、金山や銀山などの鉱山開発などを行ない、藩政の確立に尽力した。嘉明自ら郊外へ出向き、その目で田畑を検分したり、ときには農民から直接話を聞いたりしたと伝わる。

こうして会津加藤家の基盤づくりに晩年を捧げた嘉明であったが、病を発し、寛永八年

（一六三一）九月十二日、江戸の自邸で亡くなった。享年六十九。

その後、会津藩は息子の明成が継いだが、明成は暗愚な当主であった。参勤交代や江戸城手伝普請などで出費がかさみ、藩の財政が大赤字となると、明成はこれを解消するために農民に苛酷な年貢を課した。民は苦しみに喘ぎ、寛永の大飢饉（一六四〇〜四三）が起こると、二千人もの農民が藩外に逃げ出す事態を招いてしまった。

また、明成は父の代から仕えていた重臣堀主水とことあるごとに対立し、主水の家来を罰した。これに我慢がならなかった主水は、一族三百人を引き連れて会津を出奔、江戸で大目付に訴えるという事態にまで発展した（会津騒動）。

寛永二十年（一六四三）、明成は「多病であり、国務に耐えられない」ことを理由として、所領のすべてを幕府に返上した。これは表向きの理由であるが、飢饉、会津騒動による領内不安に耐え切れなくなってしまったのだろう。

こうして会津加藤家は取り潰しとなってしまったが、嘉明の生前の幕府への忠孝が考慮され、明成の嫡男明友に石見吉永一万石が与えられた。明友は幕府に対して懸命に奉仕に努めたため、それが評価されて天和二年（一六八二）には近江水口二万石へ加増転封された。二代明英の時代に下野壬生への移封が命じられるも、正徳二年（一七一二）、明英の嫡男嘉矩が再び二万五千石で近江水口に入封。その後、加藤家が幕末まで水口藩を領した。

池田輝政

家康の娘婿として勝ち得た「姫路宰相百万石」

池田輝政は、織田信長の側近として活躍した池田恒興（つねおき）の二男である。信長の死後、秀吉に臣従した恒興が天正十二年（一五八四）の長久手の戦いで兄元助とともに戦死したことで、輝政が池田家の家督を継ぎ、大垣城主となった。二十歳のときのことである。

天正十三年（一五八五）、秀吉から美濃十三万石を与えられて岐阜城に移った輝政は、天正十八年（一五九〇）の小田原征討後、三河吉田十五万二千石までに取り立てられた。

こうして秀吉に仕えて歴戦した輝政に転機が訪れたのは、文禄三年（一五九四）のことだった。八月、秀吉の媒酌で家康の二女督姫を迎えることになったのだ。

秀吉の死後、輝政は家康に近づいたが、娘婿としては当然のことだったのである。

慶長五年（一六〇〇）の関ヶ原の合戦では、輝政は東軍として参陣し、福島正則らとともに織田秀信の守る岐阜城をおとすなどの活躍を見せる。

九月十五日の本戦では、輝政は南宮山に陣取る毛利勢の押さえを命じられた。しかし、このときすでに吉川広家が東軍につくことを約していたため、輝政の働きはないに等しかった。

勤皇か佐幕か――肉親との情に揺れる茂政

結局主戦場から離れていた輝政が本戦で活躍することはほとんどなかったが、戦後、輝政に与えられたのは播磨五十二万石という広大な所領だった。現在の姫路城は輝政が入国後に築いたものである。また、輝政と督姫との間に生まれた二男忠継には備前二十八万石（慶長八年）、三男忠雄（ただかつ）には淡路六万三千石が与えられている（慶長十五年。のち忠継の跡を継いで岡山藩二代藩主）。さらに弟長吉（ながよし）の因幡六万石を加えれば、池田氏全体の所領は九十二万石にもなった。

忠継、忠雄ともに幼年であったために、実質の政務は輝政が司ることになった。こうして池田家は、世に「姫路宰相百万石」と呼ばれるほどの栄華を誇ることになったのである。

慶長十八年（一六一三）一月、輝政は五十歳で死亡。その後は嫡男利隆（としたか）が播磨の所領のうち四十二万石を継承したが、その四年後、三十三歳で病死してしまう。このとき、利隆の嫡男光政（みつまさ）はわずかに八歳。そのため、中国地方の付け根にあたる要衝の地を治めるのは困難だと幕府に判断され、播磨から因幡・伯耆三十二万石へと移され、鳥取藩主となった。

その後、輝政の二男忠継の血筋が続いていた岡山藩において、二代藩主忠雄が寛永九年（一六三二）に亡くなると、その嫡男光仲が当時三歳ということもあり、幕命によって岡山藩と鳥取藩の封地を交換することになった。鳥取藩主光政は岡山藩三十一万五千石に移り、光仲が鳥取藩三十二万五千石を治めることになったのである。

複雑な経過をたどったものの、こうして岡山藩、鳥取藩は、幕末まで池田家の支配が続いた。

幕末の岡山藩を治めた九代茂政（もちまさ）は、水戸藩主徳川斉昭（なりあき）の九男で、十五代将軍慶喜の弟にあたる。水戸藩は尊皇攘夷の旗手であったことから、必然と岡山藩の藩是も尊皇攘夷となったが、茂政は兄である慶喜に剣を向けることはできなかった。

明治元年（一八六八）一月、ついに戊辰戦争が勃発すると、岡山藩は新政府から東海道を行く軍の先鋒を命じられた。いよいよ進退窮まった茂政は、家督を養子の章政（あきまさ）に譲ると隠居した。茂政の跡を継いだ章政にはとくに幕府とのしがらみはなかったため、迷わずに新政府の倒幕軍に参加。江戸落城後は、東北へと転戦している。

一方、幕末の鳥取藩を治めたのも、慶喜の兄慶徳（よしのり）である。鳥取藩では家老荒尾成幸の判断により、当初から新政府側として幕府と戊辰戦争を戦った。

蜂須賀家政

冷静な政治判断が家の命脈を救う

伊達政宗をして「阿波の古狸」と言わしめた蜂須賀家政は、秀吉の側近として数々の軍功を残した正勝（小六）の子である。病が重くなった父に代わり、阿波十八万石を与えられ、徳島に入部したのは、天正十四年（一五八六）のことであった。父同様、家政もまた、秀吉の天下取りの過程において多大な功績を残している。

慶長三年（一五九八）に秀吉が没すると、家政は家康へ近づき、子至鎮と家康の養女万姫を結婚させるなど、家康との関係性を深めていった。

これもひとえに石田三成憎さゆえである。慶長二年（一五九七）の慶長の役の際、家政は敵軍に攻囲された蔚山城から浅野幸長を助けるという功績を挙げたものの、直後の追撃を怠ったという理由で帰国を命じられ、秀吉から叱責されてしまう。この処分は、三成方の軍監の報告によるものであったことから、家政はこのことを深く恨むようになった。

そのため慶長五年（一六〇〇）六月十六日に家康が会津征討に赴くと、家政は至鎮を供に加えてくれるよう、家康に頼み込んだ。このとき至鎮は十五歳。若武者の初陣であった。

秀頼に対しては、「私は豊臣家に対して多大な恩義を感じておりますが、それでも三成殿にお味方をすることはできません。つきましては、太閤様から拝領した阿波徳島と大坂の屋敷をそっくり返上いたします」と言うと、出家して蓬庵（ほうあん）と号し、高野山に引き込んでしまったのである。と言いながらも、じつは家臣の高木法斎（たかぎほうさい）をこっそりと西軍の大谷吉継のもとへ送り込み、西軍の動向を報告させている。

これもひとえに、蜂須賀家を守るための姦計であった。秀吉亡きあと、天下を握るのは家康だろうと家政は早くから見極めていたので、至鎮を会津征討に従軍させた。自分自身中立を守ったのは、豊臣家への義理立てというものが大前提としてあったが、万が一家康が敗北したときのことを想定していたのだろう。一方、家臣を西軍に送り込んだのも、西軍が勝利を収めたときに一応の名分が立つからである。

合戦は当初の家政の予想通り、東軍が勝利を収めた。至鎮は一番備の福島正則、藤堂高虎らとともに戦った功績が認められ、家政が豊臣家へ返上した本領・阿波一国十八万石が与えられている。家政はこれを機に家督を至鎮に譲ると、隠居生活に入った。

こうして至鎮のもと、徳島藩の歴史が始まる。もともとその基盤を築いたのは家政であったことから、初代藩主は至鎮であるが、藩祖は家政とするのが一般的である。

その後の蜂須賀家は、親徳川派として行動した。大坂攻めの噂が流れるや、家政はすぐさま駿府の家康のもとへ駆けつけ、忠節を誓った。そしてそのまま江戸へ上り、自ら人質となった。ここでも、時流を冷静に見抜く家政の政治的判断力が発揮されたのである。

慶長十九年（一六一四）十月、大坂冬の陣が勃発すると、至鎮は徳川方として参戦。木津川口の戦い、博労ケ淵（ばくろうがぶち）の合戦で豊臣方の砦をおとすなどの活躍を見せ、二代将軍秀忠直々に感状を送られるとともに、松平の称号を与えられた。翌年の夏の陣でも徳川方として参戦すべく大坂へ向かった至鎮であったが、その途上、領内で一揆勢と遭遇したため、矛先をそちらに向けざるを得ず、参戦はかなわなかった。ともあれ豊臣家の滅亡後は、大坂の陣における功績から淡路八万石を加増され、計二十五万七千石を領することになった。

元和六年（一六二〇）二月二十六日、至鎮は三十五歳の若さで病没してしまうが、その後は家政が十歳の若き藩主忠英（ただてる）を後見し、藩政の確立に尽力した。

家政は寛永十五年（一六三八）十二月三十日、八十一歳で没する。徳島藩ではその後も蜂須賀家の系譜が幕末まで続いていった。

幕末の動乱期にあって藩主の座についた十三代斉裕（なりひろ）は、十一代将軍家斉の第二十二子である。公武合体論を唱え、幕府との協調路線を図る斉裕であったが、家臣からの反発を招き、また、勤皇派の嫡男茂韶（もちあき）と対立した。明治元年（一八六八）一月、鳥羽伏見の戦いの最中に斉裕が亡くなると、その跡を継いだ茂韶はすぐさま新政府側に恭順することを鮮明にしている。

浅野長政

三成との不和が功を奏す!?
浅野家の躍進

五奉行の一人として、石田三成とともに豊臣政権の実務を担った浅野長政は、妻ややが秀吉の妻おねの妹であった縁で、早くから秀吉に臣従した。天正元年（一五七三）十二月、秀吉から北近江百二十石を与えられたことを手始めとし、同十一年、近江の内に二万三百石を与えられ、文禄二年（一五九三）には甲斐二十二万五千石を領している。

しかし、長政と三成との関係は良好なものではなかった。もっとも、二人の仲が不和になった原因は、長政にあったと伝わる。

文禄二年（一五九三）六月、長政が黒田如水とともに軍監として朝鮮に渡ったときの話である。二人は長旅の疲れを癒すべく、碁に興じることにした。そんな折、三成が陣中見舞いに訪れたのであるが、二人は碁に没頭しており、まったく気がつかなかった。

これが、三成の怒りに火をつけた。三成はことに真面目な性格であったから、職務を放棄して享楽に耽る長政の態度を許すことができなかったのである。

長政は三成に侘びを入れようとしたが、三成はこれをまったく取り合わなかった。そればかりか、秀吉にこのことを讒言した。この出来事をきっかけとして、長政は三成を恨むようになったと伝わる。

一方、長政と家康との関係は良好だった。天正十四年（一五八六）、秀吉の妹朝日姫が浜松城の家康のもとへ嫁ぐ際、長政は城まで付き従った。以後、長政は家康と交わりを親しくしたのだという。

こういった経緯もあり、秀吉の死後、長政が家康に近づいたのは自然なことだったといえる。慶長四年（一五九九）には前田利長らとともに家康暗殺の嫌疑をかけられ、やむを得ず甲斐国に蟄居することになってしまうが、一説に、三成との縁を完全に切るための家康の謀略であったといわれる。実際、三成が家康打倒の兵を挙げたとき、家康は長政に対して「秀忠の東山道軍に同道し、御異見を頼む」との書状を送っている。

家康に気に入られた二男長晟

関ヶ原の合戦後、家康の長政への信頼はますます篤いものになった。家康も碁をよく打ったこともあって、たびたび家康に召されては、碁の相手を務めたという。慶長十一年（一六〇六）には隠棲料として常陸真壁五万石を与えられ、慶長十六年（一六一一）四月、江戸で没した。享年六十五。

長政の子孫に目を向けると、長政同様、関ヶ原の合戦で東軍についた子幸長（よしなが）は、戦後、紀伊三十七万石を与えられた。幸長には子がなかったため、慶長十八年（一六一三）に幸長が没すると、家康の命により、長政の二男長晟が継ぐことになった。長晟は利発な人であったようで、かつて家康が秀吉と碁を打ったとき、秀吉のそばに仕えていた長晟が碁石を前もって温めておき、献じたところ、家康からそれを褒められたという逸話が残る。元和元年（一六一五）十一月、長晟が家康の三女振姫を娶っていることを見ても、さぞかし家康に気に入られていたであろう様子がうかがえる。こうして徳川家との姻戚関係を得た長晟は元和五年（一六一九）、福島正則の改易に伴い、安芸広島四十二万六千石へと加増転封された。以後、広島藩には浅野家の家系が続き、幕末を迎えた。

なお、長政の死後、遺領常陸真壁五万石を継いだのは、長政の三男長重だった。関ヶ原の合戦後に取り立てられた下野真岡二万石からの栄達である。その後は常陸笠間藩を経て、長重の嫡男長直の時代に播磨赤穂藩への転封となった。その三代目が、浅野内匠頭長矩である。元禄十四年（一七〇一）三月十四日、長矩は江戸城松之廊下において、高家吉良上野介義央を斬りつけた罪により切腹を命じられ、無念の最期を遂げた。これにより浅野赤穂藩は改易となってしまうが、赤穂浪士たちが主君の仇を討つべく、吉良邸に討ち入った美談は、後世、『忠臣蔵』として語り継がれていった。

藤堂高虎

最後の最後で幕府を裏切った津藩

関ヶ原の合戦に東軍として参加した豊臣恩顧の大名のなかには、家康に警戒されて不遇な末路をたどった者が多い。そんななか、藤堂高虎という武将は外様でありながらも家康から絶大な信頼を寄せられた。

高虎は、秀吉の生前からすでに家康と誼を通じるようになっていた。そのきっかけは、天正十四年（一五八六）、徳川家康の聚楽第（じゅらくてい）内邸地の普請を担当したことにあった。その後も手紙などを通じて親しく交わりを続け、家康が大坂に宿泊する際は、高虎の「中の嶋の宅」を利用していたという。

こういった経緯から、秀吉没後、高虎は自然と家康方に与した。慶長五年（一六〇〇）七月二十五日、石田三成の挙兵により、小山からの西進が決まった際、高虎はひそかに家康にこう進言している。

「時流の勢いからか、諸将は家康様に与すると誓ってはおりますが、その真意まではまだはかりかねます。この高虎、諸将とともに先陣を仕り（つかまつり）、その挙動のいちいちを速やかにご報告いたしましょうぞ」

そして福島正則らが家康に誓った通りに西軍方の岐阜城をおとすと、高虎は早速これを江戸の家康のもとへ報告した。これにより、家康は安心して江戸を出立し、上方へ向かうことができたのであった。

九月十五日の本戦においては、あらかじめ内応を約していた小早川秀秋の陣と向かい合う形で布陣しており、秀秋が大谷吉継勢を攻めるのを見るや、高虎も軍を動かし、大谷勢に突撃している。もし秀秋が約束を違えて東軍に矛を向けるようなことがあれば、一命に代えてもそれを食い止めるつもりだったのだろう。

高虎が示した徳川家への忠誠心

戦後は、伊予宇和島八万石から今治二十万石へと加増され、その後、慶長十三年（一六〇八）には伊賀・伊勢二十二万石へと加増転封され、津城に入った。伊勢は陸海の要衝の地であり、また、伊賀は京阪神に通ずる陸路の要衝であった。すでにこのときから家康は大坂城の豊臣家攻略のための布石を打っており、高虎はそのための重要な使命を与えられたわけだ。これも、家康の高虎への信頼の表われである。

大坂の陣で豊臣家を滅ぼしたのち、家康は高虎を茶臼山の本陣に呼び寄せると、こう語った。

「関ヶ原の合戦からこの戦いに至るまで、高虎の比類なき忠節には誠に感謝をしている」

そして高虎は、大坂の陣後、軍功により伊勢国のうち五万石を与えられた。これは、大坂の陣後の論功行賞において、最大の加増であった。

元和二年（一六一六）、家康が死の床につくと、その際、高虎に対して「宗派が違うので死後は話もできぬのう」と言った。これを聞くや高虎は、家康に近侍していた天海僧正に頼み、日蓮宗から天台宗へと改宗した。

「これで来世までも長くお仕えすることができまするぞ」

高虎が、いかに家康に心酔していたかがわかるエピソードだ。

家康の死後、高虎は二代将軍秀忠、三代将軍家光と仕え、寛永七年（一六三〇）十月五日、七十五歳で亡くなった。

その後、高虎の家系は津藩で脈々と生き続け、幕末を迎える。明治元年（一八六八）、鳥羽・伏見で新政府軍と旧幕府軍が激突した際、当初十一代高猷（たかゆき）は幕府方として参戦した。しかし形成を傍観し、旧幕府軍が劣勢であると見るや、突如として旧幕府軍を裏切り、銃撃を浴びせかけた。これによって旧幕府軍は総崩れとなり、津藩は新政府軍の勝利に大いに貢献した。だが一方で、佐幕派の諸藩からは非難を浴びることとなり、「藤堂の犬侍」「高虎公の御末裔はさすが機を見るに敏感なことよ」などと揶揄されることとなった。

木下勝俊

武を捨て、歌に生きた風雅な余生

木下勝俊（かつとし）の父は、豊臣秀吉の正室おねの兄家定（いえさだ）であり、その血縁から秀吉に重用された。かの小早川家の養子となった秀秋は勝俊の弟にあたる。勝俊元服後の天正十二年（一五八四）に勃発した小牧・長久手の戦いが初陣であるといい、その後も秀吉のもと、九州・小田原の役などに参戦。文禄二年（一五九三）には若狭小浜六万二千石を与えられている。

また一方で、細川幽斎を師として仰ぎ、和歌をよくした風雅な人であった。

秀吉の親族ではあったが、関ヶ原の合戦では家康に近づいた。慶長五年（一六〇〇）六月十六日、家康が会津征討に赴くと、勝俊は鳥居元忠とともに伏見城を守るよう、家康から命じられている。

ところが七月十九日、西軍による伏見城の攻囲が始まると、あろうことか、勝俊は伏見城から逃亡を図った。

あらぬ世に　身はふりはてて　大空も　袖よりくもる　はつしくれかな

伏見城を脱出するにあたり、勝俊はこのような歌を詠んだ。秀吉のいない世にあって、もはや武人としての自分の時代は終わったという感慨が、この詩には込められている。

以降、勝俊は歌の道に生きた。

戦後、この敵前逃亡によって勝俊は家康に叱責され、所領を没収されてしまうことになるが、達観した勝俊にとって、もはやそんなものはどうでもよかったにちがいない。京都の東山に山荘を築くと、勝俊はそこで歌を楽しむ日々を送った。慶長六年（一六〇一）には山荘に歌人を集め、歌会を催している。

こうして悠々自適の生活を送った勝俊であったが、じつはその生活はおねの援助によって支えられていた。おねは勝俊を大変可愛がったという。

家康の逆鱗に触れ、所領没収

ところが、そんな勝俊の生活を脅かす大事件が勃発する。

事の発端は、慶長十三年（一六〇八）八月、父家定が亡くなったことにあった。このとき家康は、家定の遺領備中足守二万五千石を勝俊とその弟利房（としふさ）の二人で分割相続させるよう、おねに命じた。しかし、おねは勝俊一人に遺領を相続させるよう取り計らったのである。これはおねの暴走であり、勝俊は何も事情を知らない。

「このたびの家康様の御沙汰、ありがたくお受けいたします」

駿府の家康のもとへ御礼を述べに行った勝俊であったが、これに家康は激怒した。理由もわからずに家康の機嫌を損ねてしまった勝俊は、ただただ平伏するしかなかった。九月、家康は勝俊の継承を認めず、家定の遺領を没収。浅野長政の二男長晟に与えてしまった。

ここに至り、勝俊は剃髪し、再び京都東山での隠棲生活に入った。自身を「長嘯子（ちょうしょうし）」と号すと、歌の道に没頭した。勝俊の歌人としての名は世に広まることとなり、当時、歌の世界で名高かった松永貞徳（ていとく）と歌壇を二分するほどの支持者を集めたと伝わる。

その後、経済的な事情からか、東山から山城小塩山（勝持寺）へと移った勝俊は、慶安二年（一六四九）六月十五日、息を引き取った。享年八十一。没後、弟子たちの手により、勝俊の歌がまとめられて『挙白集』が成立した。のち、俳人松尾芭蕉も、その和文に多大な影響を受けたと伝わる。

なお、家定の遺領を与えられるはずだった勝俊の弟利房（としふさ）は、元和元年（一六一五）の大坂夏の陣で徳川方として活躍。この戦功をもって、備中足守二万五千石を与えられている。その後、備中足守藩には利房の家系が幕末まで続いた。

また家定の三男延俊（のぶとし）は、関ヶ原の合戦の際、父の城代として姫路にいたが、その妻は細川幽斎の娘であったため、義兄忠興とともに西軍残党攻めに加わった。その功により、戦後、姫路に池田輝政が入り、延俊には豊後国日出（ひじ）城三万石が与えられた。その後、日出藩主木下氏は転封なく、幕末まで存続した。

木下家略系図

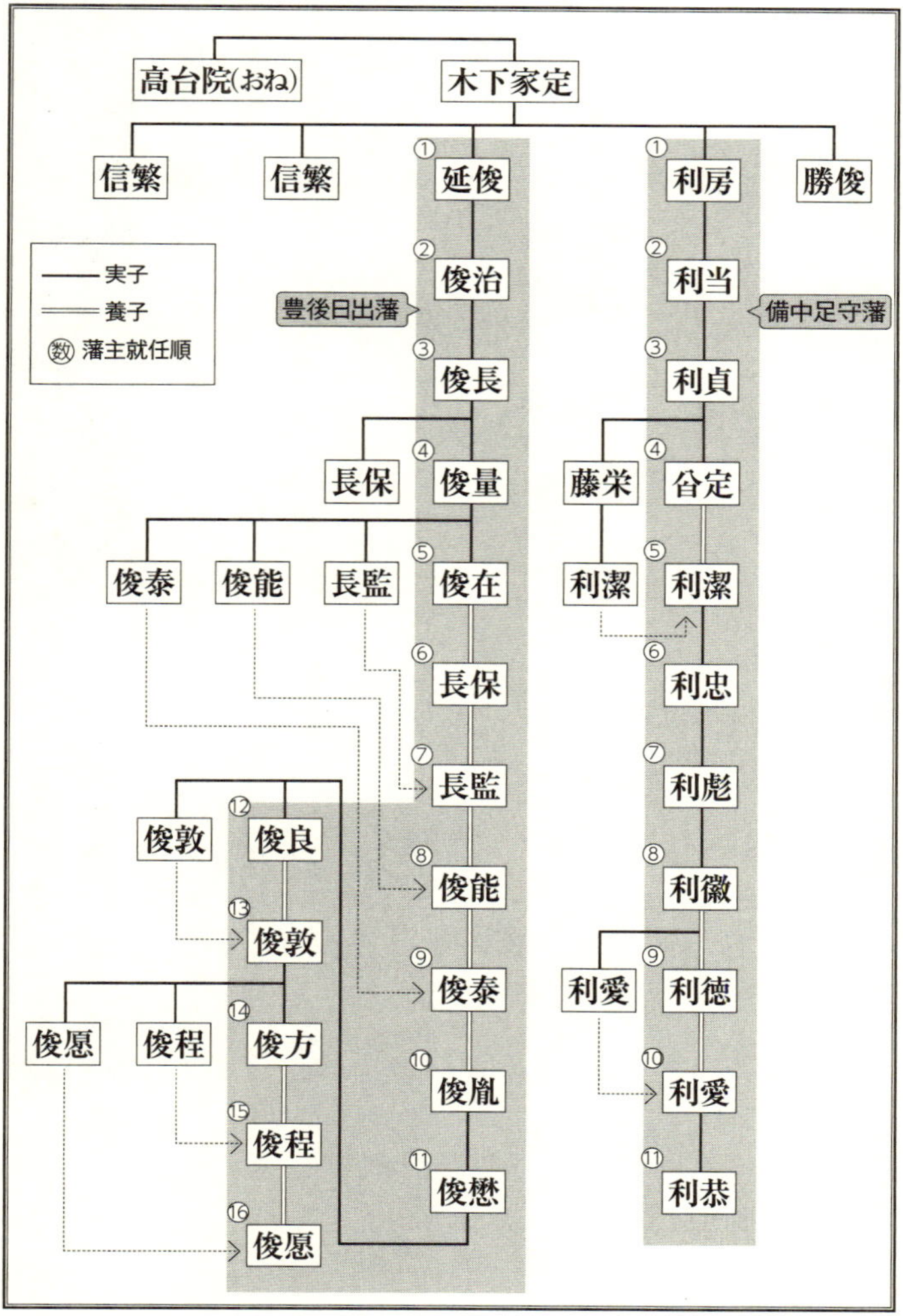
高台院(おね)
木下家定
信繁
信繁
①延俊
②俊治
③俊長
④俊量
長保
⑤俊在
俊泰
俊能
長監
⑥長保
⑦長監
⑧俊能
⑨俊泰
⑩俊胤
⑪俊懋
⑫俊良
俊敦
⑬俊敦
⑭俊方
俊愿
俊程
⑮俊程
⑯俊愿
豊後日出藩
①利房
②利当
③利貞
④公定
藤栄
⑤利潔
利潔
⑥利忠
⑦利彪
⑧利徽
⑨利徳
利愛
⑩利愛
⑪利恭
備中足守藩
勝俊
実子
養子
数 藩主就任順

蒲生秀行

子孫がすべて若死！呪われた蒲生氏の血

四十歳という壮年期に亡くなった父氏郷(うじさと)の跡を受け、蒲生(がもう)秀行が会津九十二万石という広大な所領を継いだのは、文禄四年（一五九五）、わずか十三歳のときのことだった。

父氏郷はその武才を織田信長に見込まれ、娘冬姫を与えられたほどの猛将であったが、残念ながら秀行にはその才は受け継がれなかったらしい。秀吉の計らいもあって、家康の三女振姫と婚姻したが、家中を統制できなかったことを秀吉から咎められ、慶長三年（一五九八）、宇都宮十二万石へと減封されてしまうのである。

なお、振姫との婚儀が行なわれたのは、宇都宮に移ってからのこと。時に秀行十六歳、振姫十九歳であった。

秀吉の没後に起こった関ヶ原の合戦では、家康の娘婿ということもあり、秀行は東軍についた。ただし、このとき秀行に与えられた役割は、会津の上杉景勝を牽制すること、宇都宮の防備を固めること、ただそれだけであった。

とくに戦いらしい戦いをすることもなく秀行の関ヶ原は終わるわけであるが、戦後、秀行は会津六十万石へと加増転封され、無事旧領への復帰を果たしたのである。これもひとえに、秀行が振姫を妻としていたからこその恩賞であっただろう。

呪われた蒲生家の血筋

しかし、秀行は政事においてもとくに何かの業績を残すことはなかった。慶長十六年（一六一一）八月に会津大地震が起こると、会津領内では大勢の人が亡くなり、また若松城も天守閣が傾き、石垣が崩れるといった甚大な被害を受けた。秀行は心労がたたってノイローゼ気味となってしまい、その翌年五月十四日、三十歳で病死してしまった。

その跡を継いだのは、当時十歳だった嫡男忠郷（たださと）である。家康はこの孫のことをとくに可愛がっていたという。

また、三代将軍家光とは歳が近かったこともあり、仲のよい従弟として幼い頃から付き合いを深くしていた。

ところがこの忠郷も、二十五歳という若さで亡くなってしまう。忠郷の妻は藤堂高虎の娘であったが、二人の間には子がなかった。あわや改易となるところであったが、幕府は異例の処置として、弟忠知（ただとも）に跡を継がせることを認めた。秀行に連なる血筋には織田信長、徳川家康といった希代の英雄たちの血が流れており、その血統を遺したいという思いがあったのかもしれない。

ともあれ忠知は伊予松山二十万石、近江日野四万石、計二十四万石への減封とされたが、こうして蒲生家の血脈は保たれた。

と思いきや、そうはならなかった。

寛永十一年（一六三四）八月十八日、参勤交代で江戸から伊予松山へ帰る途上、京都に立ち寄った忠知であったが、急病に倒れ、そのまま帰らぬ人となってしまったのである。享年三十。

忠知には子がなかったため、ここに蒲生氏の命脈は断たれ、絶家となった。

なお、秀行には男子のほか、娘が一人いた。母は振姫で、名を依姫という。

秀行死後の慶長十八年（一六一三）、家康の計らいで二代将軍秀忠の養女となった依姫は、翌年四月、熊本藩主加藤忠広のもとへ嫁いだ。依姫、十四歳のときのことだった。しかし寛永九年（一六三二）、忠広が領内政治の混乱により改易となってしまう。

忠広は出羽への流罪となるが、依姫はそれに同行せずに出家。崇法院と号し、残りの人生を祈りに捧げた。

なお、忠広と依姫の間に生まれた光広（みつひろ）は父に従って出羽へ赴いたが、寛永十年（一六三三）、二十歳（十六歳とも）で病死している。

織田有楽

大名二家を輩出した利休七哲の一

第一章（67ページ）で、江戸時代に大名を輩出した織田家の血脈のうち信雄(のぶかつ)の家系を紹介したが、もう一つの家系は織田有楽(うらく)から連なるものである。

織田有楽は元の名を長益(ながます)といい、齢十三離れた信長の実弟である。武将としてよりは茶人として有名であり、利休七哲の一人に数えられている。

信長の存命中は信長の嫡男信忠に属し、本能寺の変が起こった際も長益は信忠に従って二条御所に籠っていた。その後は信長の二男信雄に仕え、天正十八年（一五九〇）九月、信雄の改易に伴って秀吉に出仕。その際、長益は剃髪し、「無楽」と称して秀吉と対面した。なぜそのように名乗っているのかを尋ねられた長益はこう答えた。

「この世に楽しみはなく、あるのは憂いのみでございますから」

兄は亡くなり、織田家の命脈も尽き果てつつあった時勢に対し、この世は無常であるとの真理を悟っていたのだろう。これを哀れに思った秀吉は、改名することを勧めた。

「のぅ長益よ、人生はそのように悲観すべきことばかりではない。世のなかは楽しいことばかりじゃぞ。そうじゃ。『有楽』と改名せい。『楽しみが有る』という意味じゃ」

そして有楽は秀吉から摂津国味舌二千石の知行を与えられ、御伽衆に加えられた。秀吉に仕えてからは、茶人としての働きが主だった。天正十九年（一五九一）二月に千利休が没すると、有楽は茶の宗匠と呼ばれ、秀吉のもと、たびたび茶会を開いている。

幕末に伝わる織田家の血筋

有楽は秀吉の側室淀殿とは叔父・姪の関係にあり、秀頼を補佐する立場にあったが、秀吉の死後は徳川家康に近づいた。関ヶ原の合戦では東軍として参加し、石田三成方の将横山喜内を討ち取るという戦功を挙げている。戦後、この功績をもって摂津国味舌の本領が安堵されたほか、大和山辺郡にも新領を与えられ、計三万石を領することになった。

こうして有楽は徳川家の大名として江戸時代を迎えたわけであるが、その一方で、たびたび大坂城の秀頼のもとを訪れている。慶長十六年（一六一一）三月、二条城にて秀頼と家康との会見が行なわれた際は、大坂城から二条城まで秀頼に付き従っており、徳川、豊臣という二家に挟まれて微妙な立場にあった様子がうかがえる。やがて徳川、豊臣の関係が悪化し、慶長十九年（一六一四）十月に大坂冬の陣が勃発する。このとき有楽は大坂城内にあり、大野治長（はるなが）とともに講和を訴えて淀殿と秀頼を説得。十二月二十日、和議が成立し、大坂方からは有楽の子武蔵守、治長の子信濃守が人質として江戸へ送られた。

織田有楽家略系図

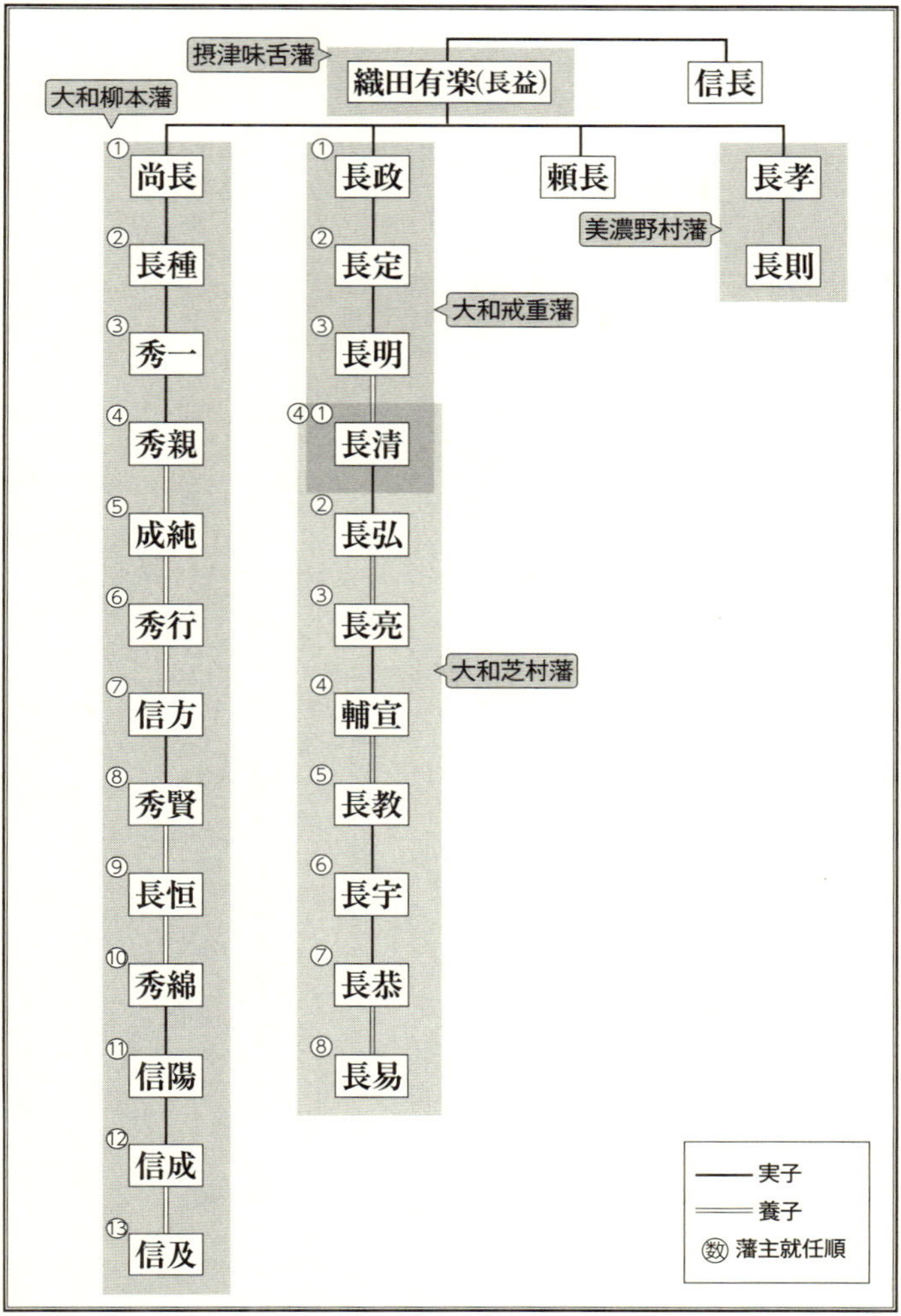

摂津味舌藩
織田有楽(長益)
信長
大和柳本藩
①尚長
②長種
③秀一
④秀親
⑤成純
⑥秀行
⑦信方
⑧秀賢
⑨長恒
⑩秀綿
⑪信陽
⑫信成
⑬信及
①長政
②長定
③長明
④①長清
②長弘
③長亮
④輔宣
⑤長教
⑥長宇
⑦長恭
⑧長易
大和戒重藩
大和芝村藩
頼長
長孝
長則
美濃野村藩
実子
養子
数 藩主就任順

和睦の条件は大坂城の外堀を埋めるというものであったが、しかし徳川方はその約束を違え、外堀だけでなく、二の丸の堀までをも埋め立て、大坂城を裸城にしてしまったのである。こうなってしまった以上、もはや豊臣方に勝ち目はない。有楽はここでもやはり家康への恭順を主張したが、有楽の意見が聞き入れられることはなかった。

元和元年（一六一五）四月、いよいよ徳川、豊臣間での開戦が避けられなくなったとき、有楽は大坂城を出奔し、十三日には名古屋城の家康のもとを訪れている。こうした行動から、有楽が徳川の間者であったともいわれるが、確証はない。

大坂城を出たのち、有楽は四男長政、五男尚長(なおなが)にそれぞれ一万石を分割して与え、自身は残りの一万石を隠居料として京都に移り住んだ。京都では茶事三昧の余生を過ごし、元和七年（一六二一）十二月十三日、七十五年の生涯を閉じた。なお、東京の有楽町という地名は、有楽が徳川氏から受けた屋敷があったことからつけられた。また数寄屋橋の名は、有楽がここに数奇屋（茶室）を構えていたからである。

有楽の子孫に目を向けると、嫡男長孝は関ヶ原における功績で美濃野村藩一万石を賜り、独立を認められている。しかし、子長則に嫡子がなかったことから断絶となった。

有楽から所領一万石を分け与えられた長政と尚長は、それぞれ大和戒重藩（のち芝村藩）、大和柳本藩として幕末まで存続した。

伊達政宗

天下統一の戦いから家を守るための戦いへ

伊達政宗が奥州戦国史にさっそうと現われたのは、天正十二年（一五八四）十月、十八歳のときであった。父輝宗（てるむね）の隠居に伴い、伊達家十七代当主の座についた。その政宗が奥州一帯を支配下に治めたのは、天正十八年（一五九〇）のことである。

しかし、このときすでに天下は豊臣秀吉のものであった。この若武者にとって最大の悲運は、戦国の乱世の最晩年に生まれ出たことにあるであろう。

苦渋の決断の末、秀吉への臣従の道を選択した政宗であったが、それでもまだ天下への野望を捨て去ったわけではなかった。

小田原の役後、豊臣方の奉行らが奥羽で検地を行なっているときを狙い、政宗は大崎・葛西地方で農民一揆を起こさせた。が、これは失敗に終わる。しかもあろうことか、その背後に政宗の存在があったことが秀吉に知れてしまう。しかし政宗は、金箔塗りの磔柱（はりつけばしら）を押し立てて上洛し、証拠として突きつけられた自身の花押を偽物であると押し通し、危機を乗り切ることに成功している。

秀吉の死後は徳川家康に近づくが、やはり天下を狙う気持ちに変わりはなかった。

慶長五年（一六〇〇）六月二日、家康が会津の上杉景勝征討を決めた際、政宗はこう言った。

「我が領は上杉と境を接しております。一刻も早く防戦の準備をしなければなりませぬゆえ、一足先に国許へ参らせていただきます」

もちろんこれは表向きの発言であり、本心は、この機に領土を拡張しようという下心があった。

政宗が行動を開始したのは、七月二十四日のことであった。上杉領侵攻の手始めとして、白石城へ攻め入ったのである。白石城をおとした政宗は、次なる目標として福島城に狙いを定めた。しかし、石田三成の挙兵に伴って家康の会津征討は中止となり、政宗のもとにも上杉領へ勝手に攻め入ってはいけないとの書状が届いた。

思い通りに事が運ばず、政宗は歯噛みする思いでいっぱいであった。ところが、そんな政宗のもとへ、家康から思いもかけぬ書状が届く。それは、「刈田、伊達、信夫、二本松、塩松、田村、長井の伊達家旧領七ヶ所を、政宗の家老衆に与える」というものだった。現在の政宗の所領にこれを加えると、百万石を優に超える。そのためこの書状は「百万石のお墨付き」であるといわれた。

合戦は東軍の勝利に終わるが、政宗はなおも侵攻の手を緩めなかった。北方の南部領の獲得をもくろみ、兵四千を送り込むと、和賀忠親に一揆を起こさせたのである。しかし、これもうまくはいかなかった。家康に下心を見抜かれた政宗は、戦後の論功行賞で結局「百万石のお墨付き」を反古にされたばかりか、本領の安堵に加え、刈田郡二万石の加増のみに留まったのであった。

御家を揺るがした「伊達騒動」

あれだけ天下への野望に執心した政宗であったが、関ヶ原の合戦以後は、徳川家への忠誠を誓った。天下統一への戦いから、家を守るための戦いへと矛先を転換したのである。

政宗は新たな拠点を森と湿地に囲まれた千代（せんだい）という土地に定めると、そこを「仙台」と改称し、城と城下町の整備に取り組んだ。さらには荒地を耕地に変えていき、石高は六十二万石でありながらも、実収入は百万石と謳われるほどの穀倉地帯を現出したのである。

また、家康、秀忠の死期にあってはすぐさま江戸へ駆けつけ、徳川家への忠節を示している。秀忠は死に際し、政宗に幕府の後事を託した。いかに政宗が信頼されていたかがうかがい知れる。政宗は、徳川将軍家の忠臣として、江戸を生き抜いたのであった。

寛永十三年（一六三六）五月二十四日、政宗は齢七十で亡くなり、その跡は二男忠宗（ただむね）が継いだ。

ところが、三代綱宗のときに、御家を揺るがす事件が勃発する。世に名高い「伊達騒動」である。そもそもの発端は、綱宗の放蕩にあった。藩主として不適格であるとの烙印を押された綱宗は万治三年（一六六〇）七月、二十一歳にして蟄居を命じられてしまう。

このとき、嫡子亀千代（綱村）はわずか二歳。必然と政治は後見役である伊達兵部宗勝（政宗十男）が握った。しかし宗勝は藩政をほしいままにし、奉行原田甲斐と結んで仙台藩を乗っ取ろうとした。この横暴を見兼ねた伊達安芸宗重（涌谷伊達氏）は幕府に宗勝の弾劾を訴え出た。結果、宗勝は土佐藩、その子宗興は豊前小倉藩へ御預けの身となったが、伊達家にまでは塁は及ばず、なんとか御家は保たれたのであった。

その後も仙台藩では親幕の立場を貫き、それは幕末にあっても変わらなかった。大政奉還ののち、新政府軍と旧幕府軍との間で戊辰戦争が勃発した際は、十三代慶邦が奥羽越列藩同盟の盟主となり、新政府軍と対峙している。戦後はその責を問われ、六十二万五千石から二十八万石への大減封となったが、家督相続は許され、宗基が十四代藩主の座につき、明治の新時代を迎えている。

なお、慶長十九年（一六一四）、政宗の嫡男秀宗が宇和島十万石を与えられて独立しており、以降、秀宗の系図が宇和島藩に続いていった。

伊達家略系図

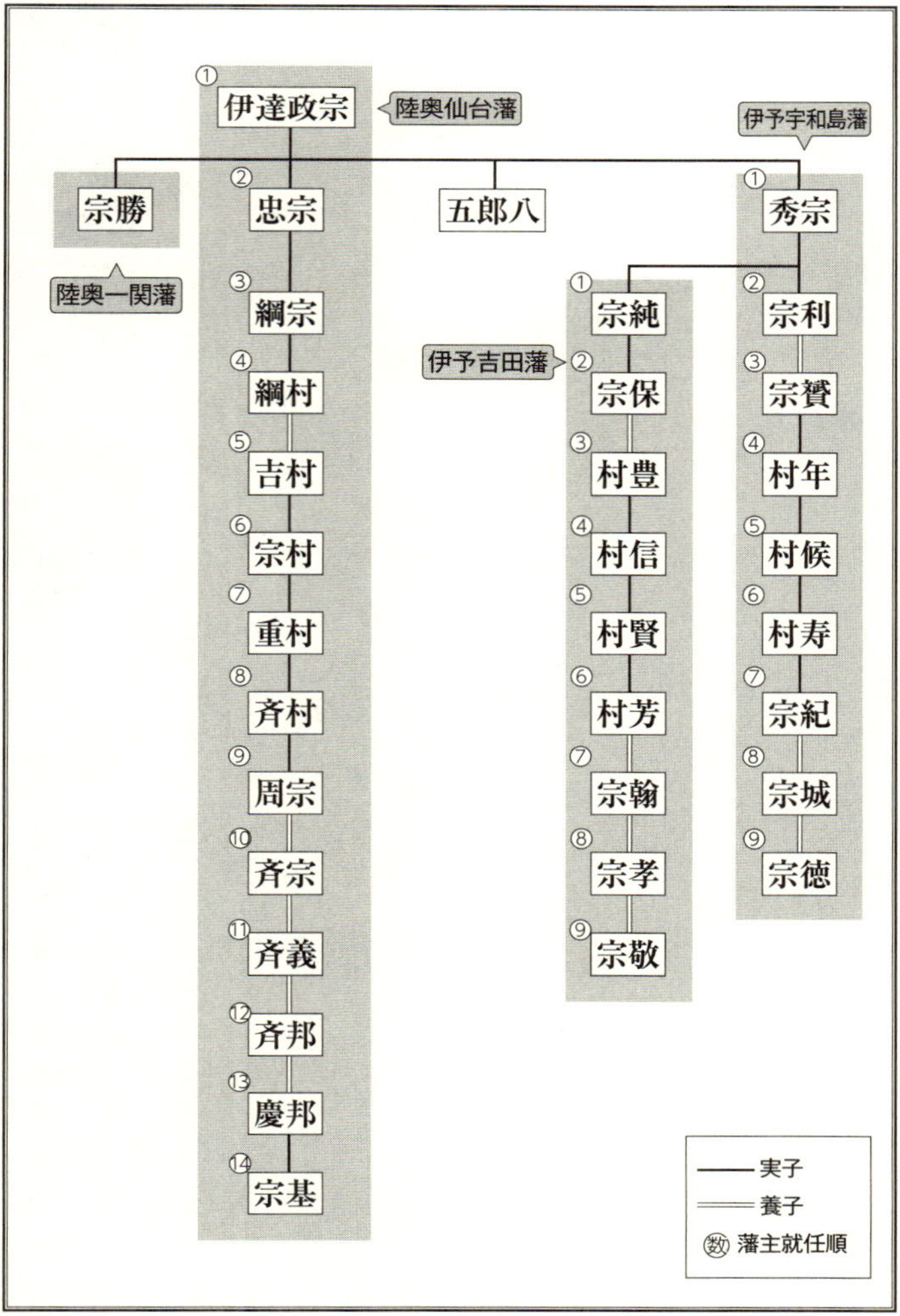
①伊達政宗
陸奥仙台藩
伊予宇和島藩
宗勝
陸奥一関藩
②忠宗
③綱宗
④綱村
⑤吉村
⑥宗村
⑦重村
⑧斉村
⑨周宗
⑩斉宗
⑪斉義
⑫斉邦
⑬慶邦
⑭宗基
五郎八
①秀宗
②宗利
③宗贇
④村年
⑤村候
⑥村寿
⑦宗紀
⑧宗城
⑨宗徳
伊予吉田藩
①宗純
②宗保
③村豊
④村信
⑤村賢
⑥村芳
⑦宗翰
⑧宗孝
⑨宗敬
実子
養子
数 藩主就任順

高山右近

信仰に生き、マニラで最期を迎えた敬虔な生涯

キリシタン大名として知られる高山右近がキリスト教の洗礼を受けたのは、永禄七年（一五六四）、十一歳のときだった。以後、右近はキリスト教徒として敬虔な祈りの日々を過ごすとともに織田信長に臣従。天正元年（一五七三）三月に高槻城主になると、領内のキリスト教布教に努めた。結果、当時二万五千人いたという領民のうち、じつに一万八千人ほどがキリシタンに改宗したといわれる。右近の熱心な布教活動は世界にまで轟き、「ジュスト高山右近」の名は海外にまで広く知れ渡るようになった。

織田信長の死後は豊臣秀吉に仕えたが、右近に待ち受けていたのは受難の日々であった。天正十三年（一五八五）、右近と高槻のキリシタンとの結集を恐れた秀吉によって明石への移封を余儀なくされると、その二年後、秀吉が伴天連（ばてれん）追放令を公布したことに伴い、右近は秀吉から棄教を迫られた。

「神を取るか、大名を取るか――」

右近は迷わず地位を捨てることを選択した。すると、怒った秀吉によって領土を没収されてしまったのであった。

行く宛てもないまま、右近は放浪の日々を過ごすが、同じキリシタン大名であった小西行長によって小豆島に匿われ、その後は前田利家に引き取られて加賀で客将となった。

右近は、恩人である利家のために懸命に働いた。小田原の役の際も、前田家の一将として参戦した。そんな右近のことを利家も頼りにしていたようで、慶長四年（一五九九）に利家が没した際、嫡男利長の良き助言者になってほしいと遺言している。

利長も右近を心から信頼するとともに、領内におけるキリスト教の布教も認めた。秀吉によって迫害された右近であったが、金沢では安穏の日々を送ることができたのであった。

関ヶ原の合戦では利長が東軍として参戦したので、右近も一将としてそれに従軍し、家康をして「右近の傘下の千人は、ほかの一万人にも優る」と言わしめるほどの活躍を見せた。

キリシタン禁教令によりマニラへ

合戦後、右近は加賀におけるキリスト教の布教活動に没頭した。加賀を肥沃な信仰の地とすべく、イエズス会に頼んで修道院を設置したり、宣教師を招いて人々に福音を伝える手助けをしたりした。

右近の懸命な活動の甲斐あり、慶長六年（一六〇一）、金沢には洗礼を受けた者が百七十一名いたというが、慶長九年（一六〇四）には千五百人を数えるまでになったのである。そのなかには、右近を頼って金沢へやってきたキリシタン武将の内藤如安（じょあん）や宇喜多休閑（きゅうかん）らも含まれていた。慶長十年（一六〇五）には南蛮寺を建立し、慶長十三年（一六〇八）には同寺で金沢あげてのクリスマスのミサを開いている。

しかし、右近の平和な時間は長くは続かなかった。

慶長十八年（一六一三）十二月二十三日、江戸幕府がキリシタン禁教令を公布し、キリスト教徒の国外追放を命じたのである。右近、六十一歳のときであった。

これにより、右近は金沢にいられなくなった。改宗した振りをしたらどうかと右近の身を案じて助言する者もいたが、右近はその申し出を断った。そして三代藩主利常にその年の知行に相当する黄金六十枚を献上し、隠居していた利長にも黄金三十枚相当分の茶器を送った。

「もはや御奉公ができないこと、大変申し訳なく思います。せめてものお詫びとして、お受け取りくださいませ」

しかし、利長はこれを受け取らなかった。右近と別れることが悲しかったのである。そしてそれらを返すとともに、右近に餞別を贈った。

右近が金沢を出立したのは、慶長十九年（一六一四）一月のことである。右近に従ったのは、妻ジュリア、加賀藩家老横山長知（よこやまながちか）の嫡男に嫁いでいた娘ルチア、亡き長男の遺児五人、内藤如安とその家族だった。一行は雪深い山を徒歩で越え、長崎へ向かった。

長崎に着いた右近一行は八ヶ月間、トードス・オス・サントス教会（現在の曹洞宗春徳寺）に留め置かれた。このとき、敬愛なるイエズス会の宣教師ペドロ・モレホン神父がマニラへ行くことを知った右近は、自分もマニラへ行くことを望んだ。こうして慶長十九年（一六一四）十月七日、約四百人のキリシタン指導者や宣教師などとともに、右近はマニラへ追放されたのである。

マニラに着いた右近一行を待ち受けていたのは、思いもかけぬ歓迎であった。キリシタンとしての右近の評判はマニラにも届いており、右近は国賓待遇で迎えられたのである。

しかし、金沢からマニラまでの長旅は年老いた右近の身体には苛酷であり、また、慣れない環境もあって右近は病に冒されてしまう。そして元和元年（一六一五）二月三日、右近は静かに天国へ召されたのである。六十四年間の信仰に生きた生涯であった。

なお、石川県羽咋郡志賀町には、追放を免れた右近の長男十次郎などが同地を永住の地としたという伝承が残る。

後藤又兵衛

義に生き、義に殉じた生涯

後藤又兵衛は「黒田二十四騎」の一人に挙げられるほどの勇将である。講談でも英雄として取り上げられるなど高い人気を誇り、戦国時代を代表する武将といえる。

又兵衛は、播磨・別所長治（ながはる）の配下、後藤基国（もとくに）の子として生まれた。本名は基次（もとつぐ）。又兵衛は通称である。その後、父の死により黒田如水に引き取られ、如水・長政父子の家臣として数々の戦場を渡り歩いた。九州征伐や朝鮮の役で功を挙げ、関ヶ原の合戦では、黒田長政隊の先手として参陣。石田三成隊と正面からぶつかると、三成の家臣で豪勇として名高かった大橋掃部（かもん）の首級を挙げるなどの活躍を見せた。

「黒田家に後藤又兵衛あり！」

こうして又兵衛の勇名は、全国に轟くこととなった。

関ヶ原の合戦後、長政が筑前一国を賜ると、又兵衛は長政から筑前大隈城主一万六千石という大名並の高い禄を得た。しかし慶長十一年（一六〇六）、又兵衛は一族を連れて黒田家を出奔した。原因は、長政との確執である。

又兵衛は長政よりも八つ歳が上だったが、又兵衛が如水に引き取られたのち、二人はまるで兄弟同然に育った。しかし、又兵衛は「兄」として、事あるごとに長政を諫めた。それは長政が如水の跡を継ぎ、黒田家の当主となってからも変わらなかった。又兵衛にとって長政は「弟」同然であり、長政に非があると感ずれば、それをたしなめた。これが長政にはおもしろくなく、如水の死後、二人の軋轢が表面化してしまったのである。

一方で、又兵衛の才覚や諸大名との広い交友関係を長政が妬んだ、細川家と通じて謀反を企てているとの疑いがかけられたなどともいわれている。

こうして又兵衛が黒田家を出たことが知れ渡るや、諸大名はこぞって自家に組み入れようと誘いの手を伸ばしてきた。小倉藩主細川忠興や姫路藩主池田輝政は五千石、津藩主藤堂高虎は八千石、広島藩主福島正則に至っては三万石といった石高を提示し、又兵衛を召し抱えようとした。そのほか、加賀藩主前田利長、越前北ノ庄藩主結城秀康も又兵衛に声をかけていたという。

結果的に又兵衛の再仕官はならなかった。長政がそれを妨害したためである。

失意に暮れる又兵衛は、やむなく浪人暮らしを余儀なくされてしまったのであった。

しかし、そんな又兵衛にようやく再起の機会が訪れる。大坂冬の陣の勃発である。

慶長十九年（一六一四）十月六日か七日頃、又兵衛は豊臣方の求めに応じ、大坂城に入った。このとき、長年の浪人暮らしで蓄えなどなかった又兵衛を見かねた大坂の道具商が武具や甲冑、家臣団まで集めてくれたという。豊臣方から六千の兵を与えられた又兵衛は、遊軍となって大坂城外で戦い、佐竹義宣隊を討ち破るといった戦功を立てた。

翌年の夏の陣では、又兵衛は二千八百の兵を率いて大和口の先鋒として戦い、道明寺の小松山に陣取った。しかし、後続の部隊が遅れたために又兵衛は前線に孤立。それでも攻め寄せる徳川方を相手に奮戦したものの、伊達政宗の部隊約一万三千に三方から囲まれ、胸に銃弾を浴びて討死した。享年五十六。

晩年は報われない日々を過ごした又兵衛だったが、その気になれば大名になることもできた。じつは冬の陣後、徳川家康から播磨一国を条件として徳川方につくよう誘いをかけられていたのである。又兵衛は大いに喜び、「お受けしたい気持ちは山々です」としながらも、その誘いを断った。

「大坂方は落城まで十日か二十日を越さない状態です。そのようなときにこれを見捨てるのは武士たるもののすることではございません」

又兵衛は、豊臣方から恩義を受けていたわけではない。しかし、彼は浪人の身だった自分を受け入れ、最期の働き場を与えてくれた豊臣方に感謝した。その義に殉じようとしたのである。主君にこびへつらうことはせず、義を重んじる。最期まで自分の生き様を貫き通した五十六年の生涯であった。

第三章

戦国を彩った女性たちの「その後」

おね
まつ
淀殿
初
江
お船

おね

心の底から願っていた豊臣家の安泰

豊臣秀吉の正室・おねは、じつに聡明な女性であった。秀吉が天下を取ることができたのも、おねの内助の功あってのことである。

残念ながら秀吉との間に子はなせなかったが、おねは甥の秀俊（小早川秀秋）、家康の次男於義丸（結城秀康）を養子として育て、また、遠縁にあたる子どもたち――加藤清正や福島正則などを引き取ると、彼らを実の子どものように慈しみながら育てた。彼らは成人してからも、みなおねを本当の母のように慕った。

二代将軍徳川秀忠も、そんなおねを慕った一人である。二人がまるで親子のように仲睦まじい書状のやり取りを交わしていたことはよく知られるところだ。

天正十三年（一五八五）、秀吉が関白に任ぜられると、おねは北政所と尊称されるようになり、その三年後には武家の女性としての最高の位、従一位に叙されている。

おねは、秀吉に全幅の信頼を置かれていた。たとえば秀吉が諸大名の妻子を人質として畿内に集めたとき、畿内を離れることが多い秀吉に変わり、それをまとめたのはおねだった。

豊臣家略系図

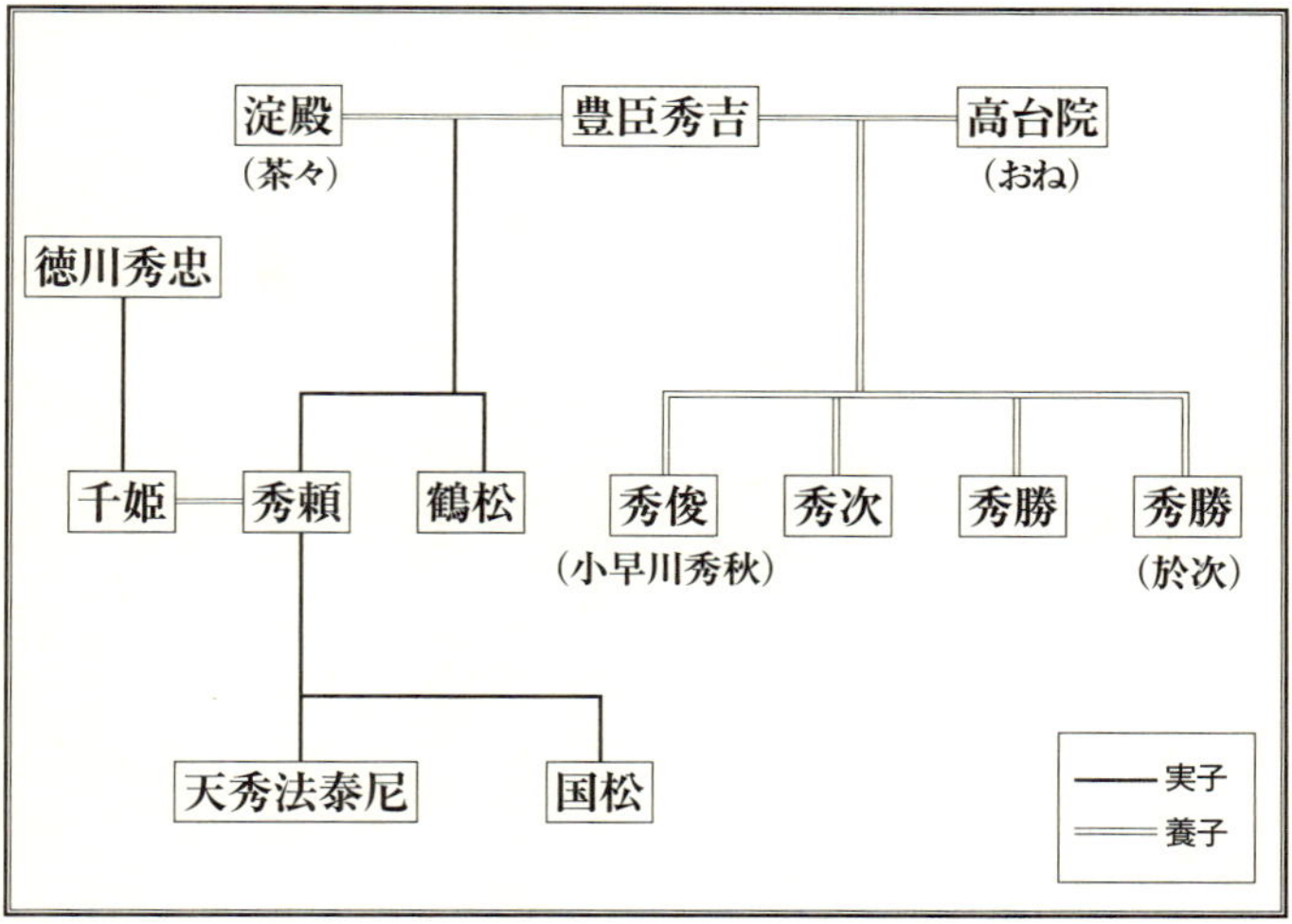
淀殿
（茶々）
豊臣秀吉
高台院
（おね）
徳川秀忠
千姫
秀頼
鶴松
秀俊
（小早川秀秋）
秀次
秀勝
秀勝
（於次）
天秀法泰尼
国松
実子
養子

秀吉の側室淀殿に待望の男子が誕生しても、おねの地位が揺らぐことはなかった。「おかかさま」としてその子の養育を任されているのである。

慶長三年（一五九八）、秀吉が亡くなると、おねは落飾して大坂城を去り、京都へ隠棲した。しかし、それでも彼女のもとへは清正や正則など秀吉子飼いの家臣らが足繁く通い、おねの心を慰めたという。

東軍か、西軍か

一般に、おねと清正、正則ら武断派と、淀殿と石田三成、増田長盛ら奉行派との対立が関ヶ原の合戦を引き起こした一因であると見なされてきた。その根拠となるのが、黒田長政、浅野幸長が小早川秀秋に宛てた書状で「北政所」の名を持ち出し、秀秋の内応を取りつけたとするものである。

一方で、おねと淀殿はただ豊臣政権を維持するという目的を共有していたとの見方もある。いずれにせよ、おねが東軍、西軍どちらに加担していたのかは定かではない。ただし、秀吉死後の混乱をいち早く鎮め、豊臣家を中心とした天下泰平の世を願っていたのはまちがいないだろう。

関ヶ原の合戦から三年後の慶長八年（一六〇三）、おねは朝廷から「高台院（こうだいいん）」の院号を賜ると、慶長十年（一六〇五）、京都東山に高台寺を建立し、ここを終の住居とした。建設にあたっては、家康の命を受けた堀直政や加藤清正、福島正則など豊臣恩顧の諸大名が協力している。

やがて、再び天下に不穏な空気が蔓延すると（大坂の陣）、おねはなんとか開戦を食い止めるべく大坂城へ向かおうとするが、残念ながらその途上で徳川方に阻まれてしまい、志を果たすことはできなかった。

そして寛永元年（一六二四）九月六日、高台寺にて最期の時を迎えた。享年七十六。

その遺領のうち近江国野洲郡・栗田郡三千石は、晩年に養子に迎えていた木下利次に受け継がれた（近江木下家）。近江木下家はその後、幕府に旗本として仕えている。

まつ

加賀藩のため、我が身を投げ出した前田利家の恋女房

まつは、加賀百万石の基盤を築いた前田利家の妻である。利家とまつは、非常に仲が良く息の合った夫婦で、まつがいたからこそ加賀藩の繁栄があったともいえる。

まつは天文十六年（一五四七）七月九日、織田信長の家臣・篠原主計（かずえ）の娘として尾張国海東郡沖之島で誕生した。四歳のときに父が死亡。その後、母が再婚したことに伴い、まつは母の妹の嫁ぎ先である荒子前田家に預けられた。その家の四男が、利家である。まるで兄妹のようにして育った二人が結婚したのは、永禄元年（一五五八）のこと。利家二十一歳、まつ十二歳だった。

信長の近習であった利家は戦場に赴くことが多く、まつはひたすら家を守った。清州城下の長屋で暮らしていたとき、隣は木下藤吉郎（豊臣秀吉）・おね夫婦の家であったため、まつはおねと友情を深め、生涯を通じて友人であり続けた。二男九女に恵まれた利家・まつ夫妻に対して、秀吉とおねには子ができなかったことから、利家とまつは三女摩阿姫（まあひめ）と四女豪姫を秀吉の養女として差し出してもいる。

慶長四年（一五九九）に利家が亡くなると、まつは剃髪して出家、芳春院（ほうしゅんいん）と号した。

しかし、まつには穏やかな余生を過ごすことなど許されなかった。

利家の跡は、長男利長が継いだ。だが、利長は家康から謀反の疑いをかけられ、窮地に立たされてしまうのである。

弁明する利長に対し、家康はまつを人質として江戸へ送るよう要求した。

最愛の母を人質にするくらいであればと一時は抗戦を考えた利長であったが、それをまつは止めた。

「侍は家を立てることが第一です。家を潰すなどあってはなりませぬ。そのためには母をも捨てなされ」

そう言うや、まつは江戸へ向かったのであった。

待ち望んだ金沢への帰還

こうして家康の矛先は加賀から会津の上杉景勝へと向けられたわけであるが、このまつの行動が、その後の加賀藩の動向を決定づけることになった。

まつが江戸に発ったのは慶長五年（一六〇〇）五月十七日、関ヶ原の合戦の四ヶ月前のことだった。六月、江戸に着いたまつは、徳川秀忠の命により、江戸城の大手先の邸で暮らしたという。家族と離れ、見知らぬ江戸での生活は、やはり孤独なものだったようだ。

六月十六日、家康が会津征討に出立すると、利長は江戸にいる母を見捨てることはできないとして家康につくことを決した。毛利輝元や宇喜多秀家ら、亡き父とともに豊臣家を守った同胞からの誘いをきっぱりと断っての参戦であった。

関ヶ原の合戦後、東軍に与したことで利長は加賀百二十万石へと加増されるも、まつはいまだ江戸に留まることを余儀なくされた。

結局まつが金沢への帰国を許されたのは慶長十九年（一六一四）六月。五月二十日に利長が亡くなったのちのことであった。すでにまつは六十八歳になっていた。

まずまつが向かったのは、越中高岡。愛する息子利長の墓であった。それから利長の妻玉泉院を伴ってまつが金沢の地に足を踏み入れたとき、家臣や領民はみな涙を流し、これを迎えたという。

ようやく自由の身の上となったまつは、元和三年（一六一七）夏の頃には京都へ向かい、おねと十七年ぶりの再会を果たした。このとき、すでに豊臣家は滅びていた。若かりし頃の利家と秀吉の話に華を咲かせたのだろうか。

こうして大切な友人との再会を終え、再び金沢へ戻ったまつであったが、その年の七月十六日、帰らぬ人となった。享年七十一。

淀殿

最愛の子・秀頼に殉じた天下人の母

近江小谷城主浅井長政と織田信長の妹お市の方との間に生まれた三姉妹・長女茶々（淀殿）、二女初、三女江の人生は、まさに波瀾に満ちたものであった。

父長政が信長に反旗を翻し、滅ぼされたのち、母とともに信長の庇護下に入った三姉妹であったが、その後、母は再婚相手の柴田勝家とともに越前北の庄城で自害。三姉妹は敵将であった秀吉のもとへと送り届けられた。

以後、三姉妹の運命は、秀吉の意のままに操られることになった。

長女茶々は、天正十六年（一五八八）に秀吉の側室となった。時に茶々二十二歳、秀吉五十二歳。

よく秀吉は美女に目がなく、気に入った者を手あたり次第に自分の傍に置いたといわれるが、美女であれば誰でもよかったわけではない。あくまでも「名家の血を引く」ことが大前提としてあった。その点茶々は信長の血筋を引いていたため、条件としては申し分なかったのである。戦国の世の倣いとはいえ、仇敵である秀吉の側室にされた茶々の気持ちはいかなるものだっただろうか。しかし彼女は、ほかの側室の誰も成し得なかった大偉業をやってのけた。秀吉の子を懐妊したのである。

これに喜んだ秀吉は、これから生まれる我が子と茶々のために淀城を築かせ、そこに住まわせた。ここから、茶々は淀殿と呼ばれるようになった。しかし、天正十七年（一五八九）五月二十七日に誕生した鶴松は、不幸にもわずか三歳にして病死してしまう。

その後、淀殿が再び懐妊したのは、文禄元年（一五九二）十一月頃のことであった。そうして誕生したのが、秀頼である。

このとき、秀吉は朝鮮出兵の前線基地である肥前名護屋城にいたが、秀頼誕生の報を聞くや、すべての政事を投げ出して急ぎ大坂城へ帰国した。五十七歳にして誕生した子であっただけに、その喜びもひとしおであったことだろう。

天下人たる秀吉の後継者を生んだ淀殿の立場は、絶対のものとなった。

慶長三年（一五九八）三月に秀吉主催の醍醐の花見が催された際、順列の第一に正室北政所、第二に淀殿が列した。このことから、淀殿が秀吉の数多いる側室のなかでも筆頭の地位に立っていたことがわかる。

秀吉の没後、その跡を六歳の秀頼が継いだ。こうして淀殿は、天下人の母にまでのし上がったのである。

関ヶ原の合戦にあっては、淀殿はひたすら傍観の立場を貫いた。秀頼の名での書状の発給も認めていない。とはいえ、この抗争をいち早く収束させたいという思いはあったようだ。西軍が東軍方の近江大津城を攻めた際は、使者を派遣し、講和の締結を促している。もっとも、大津城の守将は京極高次（たかつぐ）であり、ここには妹の初もいた。初の命を守りたかったがゆえの行動でもあっただろう。

戦後、徳川家康の勢力は日増しに強まっていったが、この時点ではまだ豊臣家の筆頭家老の立場であり、淀殿は豊臣家と徳川家の円満な関係を築こうとしている。その最たるものが、慶長八年（一六〇三）に執り行なわれた秀頼と徳川秀忠の長女千姫との婚礼である。千姫の母は淀殿の妹江であり、二人で協力し、両家の関係を保とうとした。

しかし、征夷大将軍となって開幕した家康は、慶長十年（一六〇五）にその座を秀忠に譲ることで、対豊臣家の立場を鮮明なものとした。つまり、もはや政権を豊臣家には渡さないという意思の表われである。そして家康は、秀頼に上洛を命じ、秀忠の将軍宣下の儀に参加するよう要請した。淀殿は激怒した。これは秀頼が家康に臣従を誓うことを意味する。そんなことはあってはならないことだった。どうしても強制するのであれば、秀頼を殺して自分も死ぬつもりであると、家康に伝えたのであった。しかし、淀殿がどうあがこうと、天下はもはや家康のものであることは誰もが承知のことであった。元和元年（一六一五）五月八日、大坂夏の陣において大坂城は炎上。淀殿は秀頼と最期をともにした。

初

姉を助けるために火中に飛び込んだ浅井三姉妹の二女

浅井三姉妹の二女初は、秀吉に引き取られたのち、天正十五年（一五八七）、秀吉の命により、京極高次のもとへ嫁いだ。このとき、初十九歳、高次二十五歳。高次の母は浅井長政の妹だったので、初と高次とは従兄妹の関係にあった。初が嫁いだ頃の高次は、近江大溝一万石の城主に過ぎなかったが、関ヶ原の合戦前には近江大津六万石へと出世を果たしている。なお、高次の姉は秀吉の愛妾で、松の丸殿と呼ばれた人物である。

慶長五年（一六〇〇）九月三日、高次が西軍を裏切って大津城に籠ったとき、初も行動をともにした。このとき、城内の兵は三千余であった。

七日、西軍方の総攻撃が始まる。十三日早朝には二の丸がおとされるなど、もはや大津城は陥落寸前であった。このとき、大坂城の淀殿は大津城にいる初の身を案じて使者を派遣し、高次に和平を勧めた。十四日、高次は講和を受け入れ、十五日早朝、大津城を西軍方へ明け渡した。ちょうど、関ヶ原で東西両軍がぶつかる直前であった。

戦後、高次は若狭八万五千石へと加増される。一説に、当初加増を辞退した高次であったが、初から背中を押されたこともあり、家康から賜ることにしたのだという。

慶長十四年（一六〇九）、高次が四十七歳で没すると、初は出家し、常高院と号した。しかし、初は大坂城にいる姉淀殿のことを思うと、気が気ではなかった。豊臣家と徳川家が一触即発の状態にあったからである。そして慶長十九年（一六一四）十月には、ついに大坂冬の陣が勃発してしまった。

姉は無事でいるのか。初はただ淀殿の身の上を案じていた。そんな折、家康から和平交渉の使者を頼まれる。初はこれを二つ返事で引き受けた。そして家康の側室阿茶局とともに大坂城へ向かい、淀殿と豊臣秀頼を説得。十二月二十日、無事、講和が成立した。このときの講和条件は、大坂城の二の丸、三の丸の破壊、織田有楽と大野治長が人質を出す、浪人衆の身分は現状維持を認めるというものだった。また、二の丸の破壊を豊臣方の手で行なうことを家康に取りつけたのは、初の功績だった。もっとも翌年、約束は家康によって反古にされてしまい、豊臣家は滅亡、淀殿も燃え盛る大坂城とともに最期を迎えた。落城の前日まで初は大坂城内に留まり、姉に講和を説き続けたが、初の言葉は届かなかった。

寛永七年（一六三〇）、初は夫高次をはじめ家族の菩提を弔うため、若狭小浜に常高寺を建立。晩年は祈りの日々を過ごしたが、やがて病に蝕まれるようになり、寛永十年（一六三三）八月、六十五歳で亡くなった。このとき、初の死を悼み、侍女七人が剃髪し、出家したと伝わる。いかに初が慕われていたのか、その人柄がしのばれる。

江

徳川将軍家、天皇家へと血脈を残した浅井三姉妹の末妹

浅井三姉妹、最後は末妹の江である。

江がこの世に生まれた天正元年（一五七三）は、父浅井長政が織田信長によって攻め滅ぼされた年であった。そして母お市の方と死に別れたのは、天正十一年（一五八三）、十一歳のとき。幼き身の上、母と別れるのが嫌でたまらず、母と一緒にいることを願った江であったが、姉茶々から「これからは私たちだけで生きていく」とたしなめられ、泣く泣く母と今生の別れをすることとなった。

その後、秀吉に保護された江には、自分の意志を持つことは許されず、ただ秀吉の政事の道具として使われていった。

天正十二年（一五八四）、江が十二歳を迎えると、それを待っていたかのように、織田信長の二男信雄（のぶかつ）の家臣で従兄の尾張城主佐治一成（さじかずなり）のもとへ嫁がされる。この背景には、信雄を懐柔せんとする秀吉の思惑があったとされる。しかし、一成が失態を犯し、それが秀吉の勘気に触れると、江は一成と無理やり離縁させられ、今後は秀吉の甥羽柴秀勝のもとへ嫁がされた。

この結婚も幸せなものではなかった。秀勝が朝鮮の役で戦死したことで、江は未亡人となってしまったのである。

江に三度目の輿入れの話がもたらされたのは、文禄四年（一五九五）九月十七日のことだった。相手は徳川家康の三男秀忠。のちの江戸幕府二代将軍である。江二十三歳、秀忠十七歳であった。

ここにきて、ようやく江は、結婚生活の幸せというものを知った。秀忠は江を心から愛し、一度だけ浮気をしたことはあったが、江のほかに側室を持つことはなかった。

慶長二年（一五九七）四月十一日、江は長女千姫を産む。

秀吉はこれを喜び、翌慶長三年（一五九八）八月、秀頼と千姫を婚約させた。これは、豊臣、徳川両家のつながりを深めるためのものである。千姫は幼い頃から政争の道具として使われたわけであるが、秀頼は姉淀殿の子であったことから、江にとっても、この婚約は大変喜ばしいことだった。

関ヶ原の合戦を機として豊臣、徳川両家の関係には少しずつ亀裂が入ってしまうが、江は自分にできる精一杯のこととして、婚約していた秀頼と千姫の結婚を姉と画策。慶長八年（一六〇三）七月、無事、晴れの日を迎えることができた。このとき秀頼は十一歳、千姫は七歳。両家の和睦の象徴となった。

しかし、江が考えていたよりも事態は深刻であった。元和元年（一六一五）五月八日、豊臣家は滅亡。姉は自害を遂げるが、江にとって唯一の救いは千姫が生きて戻されたことであった。

織田家の血統を将軍家につなぐ

江は秀忠との間に千姫を筆頭とし、二男五女をもうけた。長男家光は言わずと知れた三代将軍であり、この血筋は七代家継まで続いている。

二男忠長は、兄家光から自害を強要され、亡くなった。

千姫は秀頼と死に別れたのち、姫路城主本多忠政の嫡男忠刻に嫁いだ。二人の間には一男一女が誕生し、男子は若死してしまったが、娘は岡山藩主池田光政に嫁いでいる。

四女初姫は、姉初の希望もあり、京極忠高のもとへ嫁ぐことになった。

また、五女和子は後水尾天皇に嫁ぎ、長女が明正天皇として即位している。江の血筋、つまり織田家の血脈は江を通して徳川将軍家、そして天皇家へと伝えられていったのである。

不遇な前半生を過ごした江であったが、後半生は決して不幸せなものではなかっただろう。寛永三年（一六二六）九月十五日、江は五十四年の波瀾の生涯を終えた。

お船

夫直江兼続の政務を支え、上杉家に殉じた忠妻

お船は、直江兼続が妻となしたただ一人の女性である。二人は大変仲睦まじい夫婦だったようで、周りからも「才知に優れた美男美女の夫婦」としてもてはやされるほどであったという。

長尾為景、上杉謙信と上杉家二代にわたって仕えた直江景綱の娘として生まれたお船が兼続と結婚したのは、天正九年（一五八一）十月のことだった。

その一月前、お船は先夫信綱と死に別れていた。信綱との間には子がなく、直江家は断絶の危機に陥ってしまう。

しかし、時の上杉家当主景勝は、古来上杉家に仕えてきた忠臣直江家の断絶を食い止めるべく、樋口兼続をお船に嫁がせるという妙案を思いつく。謙信の死後、後継者争いに勝利を収めることができたのは、兼続の献策あってのことだった。景勝は兼続を心から信頼し、重用したいと考えていたが、いかんせん樋口家の禄は少なかった。そこで兼続をお船と結婚させて、直江家を継がせようと考えたのである。時にお船二十五歳、兼続二十二歳であった。

兼続同様、お船もよく上杉家に仕えた。天正十四年（一五八六）、豊臣家の人質として景勝の正室菊姫が上洛すると、お船はこれに付き従った。これは、常に菊姫のそばでその心を慰め、また、いざというときには我が身に代えても菊姫を守るためであった。

だが、関ヶ原の合戦で景勝が与した西軍は敗れ、上杉家は窮地に陥ってしまう。

このとき、家康への弁明に赴く兼続を、お船は笑顔で送り出した。兼続が死を賜ることになったら、もちろん自分もその後を追うという覚悟のうえでのことだった。

結果的に上杉家は米沢三十万石への減封となったものの、兼続は隠居を命じられることもなく、その罪を許された。お船は、心の底から安堵した。

直江家の断絶

関ヶ原の合戦後の徳川政権下、兼続はいかに上杉家の家名を存続させるかということに心を砕いた。そこで兼続が下した結論は、家康の重臣本多正信の二男政重(まさしげ)を長女お松の婿に迎え、養子とすることであった。このとき、お船には兼続との間に生まれた長男景明(かげあき)がいたが、これもひとえに徳川家からの覚えをよくするためであった。母としては当然景明に家督を継がせたいという思いはあっただろう。しかしお船は、上杉家のためであれば景明を養子に出し、他家を継がせても構わないと考えたのである。

だが慶長十年（一六〇五）にお松が死亡。兼続とお船は二女お梅を政重の後妻としてあてるが、そのお梅も同年、亡くなってしまった。

さらに追い討ちをかけるように、元和元年（一六一五）七月、景明が二十二歳という若さでこの世を去った。

兼続との間に授かった一男二女の子らが、みな親に先立って死ぬというお船の悲しみは並大抵のものではなかっただろう。また、慶長十六年（一六一一）には政重との養子縁組も解消していたことから、こうして直江家の跡を継ぐ者は誰もいなくなってしまった。

しかし、兼続とお船は、新たに養子を定めるということはしなかった。元和五年（一六一九）に兼続が死を遂げると、お船は剃髪し、出家。貞心尼（ていしんに）と名乗った。時に六十三歳。跡継ぎのなかった直江家は断絶となるが、上杉定勝（景勝の跡継ぎ）は養母であったお船を優遇し、「直江後室」に扶助料として三千石を支給した。

寛永十四年（一六三七）一月四日、お船は八十一歳の生涯を終えた。なぜ兼続とお船は養子を定めなかったのか。一説に徳川家をはばかって存続を図らなかったなどともいわれるが、真相は闇のなかである。

《合戦後諸大名の賞罰一覧（慶長五年～七年）》

東軍

【所領加増】

	大名名	旧所領と石高	新所領と石高
あ	青山忠政	相模中郡 〇・七	両総ノ内 一・八
	浅野幸長	甲斐府中 十六・〇	紀伊和歌山 三十七・七
	天野康景	下総大須賀 〇・五	駿河興国寺 一・〇
	有馬豊氏	遠江横須賀 三・〇	丹波福知山 六・〇
	有馬則頼	播磨三木 一・〇	摂津三田 二・〇
い	井伊直政	上野高崎 十二・〇	近江佐和山 十八・〇
	池田輝政	三河吉田 十五・二	播磨姫路 五十二・〇
	池田長吉	近江ノ内 三・〇	因幡鳥取 六・〇
	生駒一正	讃岐高松 十五・〇	讃岐高松 十七・三
	石川康通	上野鳴渡 二・〇	美濃大垣 五・〇
	市橋長勝	美濃今尾 一・〇	美濃今尾 二・〇
	稲垣長茂	上野ノ内 〇・三	上野伊勢崎 一・〇
	稲葉道通	伊勢岩出 二・六	伊勢田丸 四・六
え	遠藤康隆	美濃小原 〇・八	美濃八幡 二・七
お	大久保忠佐	上総茂原 〇・五	駿河沼津 二・〇
	大久保忠常	—	武蔵騎西 二・〇
	大島光義	摂津太田 〇・八	美濃関 一・八
	大関資増	下野黒羽 一・三	下野黒羽 二・〇
	大田原晴清	下野大田原 〇・八	下野大田原 一・二
	小笠原秀政	下野古河 三・〇	信濃飯田 五・〇
	奥平家昌	—	下野宇都宮 十・〇
	大須賀忠政	上総久留里 三・〇	遠江横須賀 六・〇
	織田有楽	摂津味舌 二・〇	大和ノ内 三・〇
か	加藤清正	肥後熊本 二十五・〇	肥後熊本 五十二・〇
	加藤嘉明	伊予松前 十・〇	伊予松山 二十・〇
	金森長近	飛騨高山 三・八	飛騨高山 六・一
	亀井茲矩	因幡鹿野 一・四	因幡鹿野 三・八
	蒲生秀行	下野宇都宮 十八・〇	陸奥会津 六十・〇
き	木下延俊	播磨ノ内 二・五	豊後日出 三・〇
	京極高知	信濃飯田 十・〇	丹後宮津 十二・三
く	九鬼守隆	志摩鳥羽 三・〇	志摩鳥羽 五・五
	黒田長政	豊前中津 十八・〇	筑前福岡 五十二・三
	桑山元晴	大和ノ内 〇・八	大和葛上 一・〇
こ	小堀正次	大和ノ内 〇・五	備中ノ内 一・四
さ	酒井重忠	武蔵川越 一・〇	上野厩橋 三・三
	酒井忠利	武蔵川越ノ内 〇・三	駿河田中 一・〇
	酒井忠世	武蔵川越ノ内 〇・五	上野那波 一・〇
	佐久間安政	近江小河 〇・七	近江高島 一・五
	里見義康	安房館山 九・〇	安房館山 十二・〇
	真田信之	上野沼田 二・七	信濃上田 九・五
す	菅沼定仍	上野阿保 一・〇	伊勢長島 二・〇
	菅沼忠政	上野吉井 二・〇	美濃ノ内 八・〇
	諏訪頼水	上野総社 一・二	信濃高島 二・七
た	武田信吉	下総佐倉 四・〇	常陸水戸 十五・〇
	田中吉政	三河岡崎 十・〇	筑後柳川 三十二・五
	伊達政宗	陸奥岩手沢 五十八・五	陸奥岩手沢 六十・五
つ	津軽為信	陸奥弘前 四・五	陸奥弘前 四・七
	土屋忠直	相模ノ内 〇・一	上総久留里 二・〇
て	寺沢広高	肥前唐津 八・〇	肥前唐津 十二・〇
と	藤堂高虎	伊予板島 八・〇	伊予今治 二十・三
	遠山友政	—	美濃苗木 一・一
	戸川逵安	—	備中庭瀬 三・〇
	徳永寿昌	美濃松本 三・一	美濃高須 五・一

戸田一西	武蔵鯨井 〇・五	近江膳所 三・〇
富田信高	伊勢安濃津 五・〇	伊勢安濃津 七・〇
鳥居成次	―	甲斐郡内 一・八
鳥居忠政	下総矢作 四・〇	陸奥磐城平 十・〇
土井利勝	武蔵ノ内 〇・二	下総小見川 一・〇
(な)内藤信成	伊豆韮山 一・〇	駿河府中 四・〇
内藤政長	上総佐貫 二・〇	上総佐貫 三・〇
中村忠一	駿河府中 十四・五	伯耆米子 十七・五
那須資晴	下野那須 一・五	下野那須 一・七
(に)西尾光教	美濃曽根 二・〇	美濃揖斐 三・〇
(ね)根津信政	信濃ノ内 〇・五	武蔵原市 一・二
(は)蜂須賀至鎮	阿波徳島 十七・七	阿波徳島 十八・七
(ひ)一柳直盛	尾張黒田 三・五	伊勢神戸 五・〇
平岩親吉	上野厩橋 三・三	甲斐府中 六・三
(ふ)福島正則	尾張清洲 二十・〇	安芸広島 四十九・八
福島正頼	伊勢長島 一・〇	大和松山 三・〇
古田重勝	伊勢松坂 三・四	伊勢松坂 五・五
(ほ)保科正光	下総多胡 一・〇	信濃高遠 二・五
細川忠興	丹後宮津 十八・〇	豊前小倉 三十九・九
堀尾忠氏	遠江浜松 十七・〇	出雲松江 二十四・〇
本多康重	上野白井 二・〇	三河岡崎 五・〇
本多康俊	下総小笹 〇・五	三河西尾 二・〇
(ま)前田利長	加賀金沢 八十三・五	加賀金沢 百十九・五
松平家清	武蔵八幡山 一・〇	三河吉田 三・〇
松平家乗	上野那波 一・〇	美濃岩村 二・〇
松平定勝	下総小南 〇・三	遠江掛川 三・〇
松平信一	下総布川 〇・五	常陸土浦 三・五
松平忠明	上野長根 〇・七	三河作手 一・七
松平忠吉	武蔵忍 十・〇	尾張清洲 五十二・〇
松平忠頼	武蔵松山 二・五	遠江浜松 五・〇
松平康重	武蔵騎西 二・〇	常陸笠間 三・〇
松平康長	武蔵東方 一・〇	上野白井 二・〇
(み)三浦重成	下総佐倉 一・〇	近江ノ内 一・三
(も)最上義光	出羽山形 二十四・〇	出羽山形 五十七・〇
(や)山口重政	上総ノ内 〇・五	常陸牛久 一・〇
山内一豊	遠江掛川 六・九	土佐浦戸 二十・二
(ゆ)結城秀康	下総結城 十・一	越前北ノ庄 六十七・〇
(ろ)六郷政乗	出羽仙北 〇・五	常陸府中 一・〇
(わ)分部光嘉	伊勢上野 一・〇	伊勢上野 一・〇

【本領・禄高安堵】

大名名	旧所領と石高	新所領と石高
(あ)有馬晴信	肥前平戸 六・三	肥前平戸 六・三
(い)石川康勝	信濃ノ内 一・五	信濃ノ内 一・五
石川康長	信濃松本 六・〇	信濃松本 六・〇
伊東祐兵	日向飫肥 五・七	日向飫肥 五・七
伊奈忠次	武蔵小室 一・三	武蔵小室 一・三
(お)大久保忠隣	相模小田原 六・五	相模小田原 六・五
小笠原信之	武蔵本庄 一・〇	武蔵本庄 一・〇
岡部長盛	上総山崎 一・二	上総山崎 一・二
織田信重	伊勢林 一・〇	伊勢林 一・〇
(く)桑山重晴	紀伊和歌山 四・〇	大和布施 四・〇
(こ)高力清長	武蔵岩槻 二・〇	武蔵岩槻 二・〇
近藤重勝	越後ノ内 一・〇	越後ノ内 一・〇
(さ)酒井家次	下総臼井 三・〇	下総臼井 三・〇
榊原康政	上野館林 十・〇	上野館林 十・〇
佐野政綱	下野佐野 三・九	下野佐野 三・九
(せ)仙石秀久	信濃小諸 五・〇	信濃小諸 五・〇

大名名	旧所領と石高	新所領と石高
つ 津田信成	山城三牧 一・三	山城三牧 一・三
筒井定次	伊賀上野 二十・〇	伊賀上野 二十・〇
と 戸沢政盛	出羽角館 四・〇	常陸手綱 四・〇
な 成田泰親	下野烏山 三・七	下野烏山 三・七
南部利直	陸奥盛岡 十・〇	陸奥盛岡 十・〇
土方雄氏	伊勢薦野 一・二	伊勢薦野 一・二
日根野吉明	信濃高島 一・五	下野壬生 一・五
ほ 北条氏勝	下総岩富 一・〇	下総岩富 一・〇
北条氏盛	河内狭山 一・一	河内狭山 一・一
堀親良	越後蔵王 四・〇	越後蔵王 四・〇
堀秀治	越後春日山 三十・〇	越後春日山 三十・〇
本多忠勝	上総大多喜 十・〇	伊勢桑名 十・〇
本多俊政	大和高取 二・五	大和高取 二・五
本多正信	相模甘縄 一・〇	相模甘縄 一・〇
ま 牧野康成	上野大胡 二・〇	上野大胡 二・〇
松下重綱	遠江頭陀寺 一・六	遠江久能 一・六
松平忠利	下総小見川 一・〇	三河深溝 一・〇
松平康元	下総関宿 四・〇	下総関宿 四・〇
み 水谷勝俊	常陸下館 二・五	常陸下館 二・五
水野勝成	三河苅屋 三・〇	三河苅屋 三・〇
溝口秀勝	越後新発田 六・〇	越後新発田 六・〇
皆川広照	下野皆川 一・三	下野皆川 一・三
む 村上義明	越後本庄 九・〇	越後本庄 九・〇
も 森忠政	信濃川中島 十四・〇	信濃川中島 十四・〇

【所領削減】

大名名	旧所領と石高	新所領と石高
あ 秋田実季	出羽秋田 十九・〇	常陸宍戸 五・〇

西軍から東軍に内応

【所領加増】

大名名	旧所領と石高	新所領と石高
い 稲葉貞通	美濃八幡 四・〇	豊後臼杵 五・〇
稲葉通孝	美濃中山 〇・五	豊後ノ内 一・四
き 京極高次	近江大津 六・〇	若狭小浜 九・二
こ 小早川秀秋	筑前名島 三十五・七	備前岡山 五十一・〇
た 竹中重利	豊後高田 一・〇	豊後府内 二・〇

【本領・禄高安堵】

大名名	旧所領と石高	新所領と石高
あ 秋月種長	日向高鍋 三・〇	日向高鍋 三・〇
か 加藤貞泰	美濃黒野 四・〇	美濃黒野 四・〇
く 朽木元綱	近江朽木 二・〇	近江朽木 二・〇
さ 相良頼房	肥後人吉 二・二	肥後人吉 二・二
せ 関一政	美濃多良 三・〇	伊勢亀山 三・〇
た 高橋元種	日向延岡 五・〇	日向延岡 五・〇
谷衛友	丹波山家 一・六	丹波山家 一・六
わ 脇坂安治	淡路洲本 三・三	淡路洲本 三・三

【所領没収】

大名名	旧所領と石高	新所領と石高
あ 赤座直保	越前ノ内 二・〇	―
お 小川祐右	伊予今治 七・〇	―

不戦

【所領加増】

大名名	旧所領と石高	新所領と石高
か 片桐且元	摂津茨木 一・二	大和龍田 二・八

【所領・禄高安堵】

大名名	旧所領と石高	新所領と石高
お 大村喜前	肥前大村 一・〇	肥前大村 一・〇
き 木下家定	播磨姫路 二・五	備中足守 二・五
こ 五島玄雅	肥前五島 一・六	肥前五島 一・六
ま 前田茂勝	丹波亀山 五・〇	丹波亀山 五・〇
松浦鎮信	肥前平戸 六・三	肥前平戸 六・三

【所領没収】

大名名	旧所領と石高	新所領と石高
そ 相馬義胤	陸奥牛越 六・〇	―

西軍

【所領加増】

大名名	旧所領と石高	新所領と石高
や 山崎家盛	摂津三田 二・三	因幡若桜 三・〇

【所領・禄高安堵】

大名名	旧所領と石高	新所領と石高
い 稲葉通重	美濃清水 一・二	美濃清水 一・二
く 来島康親	伊予来島 一・四	豊後森 一・四
こ 小出秀政	和泉岸和田 三・〇	和泉岸和田 三・〇
小出吉政	但馬出石 六・〇	但馬出石 六・〇
し 島津忠恒	薩摩・大隅 五十六・〇	薩摩・大隅 五十六・〇
す 杉原長房	但馬豊岡 二・〇	但馬豊岡 二・〇
そ 宗義智	対馬厳原 一・〇	対馬厳原 一・〇
な 中川秀成	豊後竹田 七・〇	豊後竹田 七・〇
鍋島直茂	肥前佐賀 三十一・〇	肥前佐賀 三十一・〇
へ 別所吉治	但馬ノ内 一・五	但馬ノ内 一・五
も 毛利高政	豊後隈 二・〇	豊後佐伯 二・〇

【所領削減】

大名名	旧所領と石高	新所領と石高
う 上杉景勝	陸奥会津 百二十・〇	出羽米沢 三十・〇
さ 佐竹義宣	常陸水戸 五十六・四	出羽秋田 二十・五
も 毛利輝元	安芸広島 百二十・五	周防・長門 三十六・九

【所領没収】

大名名	旧所領と石高	新所領と石高
あ 青木一矩	越前北ノ庄 八・〇	―
青山宗勝	越前丸岡 四・六	―
赤松則英	阿波佐吉 一・〇	―
安国寺恵瓊	伊予ノ内 六・〇	―
い 池田秀氏	伊予大洲 二・〇	―
石川貞清	尾張犬山 一・二	―
石田正澄	近江ノ内 二・五	―
石田三成	近江佐和山 十九・四	―
伊藤盛正	美濃大垣 三・四	―
岩城貞隆	陸奥磐城平 十二・〇	(元和二年、信濃川中島一万石)

う	上田重安	越前ノ内 一・〇	—
	宇喜多秀家	備前岡山 五十七・四	—
	氏家行継	近江ノ内 一・六	—
	氏家行広	伊勢桑名 二・二	—
	宇田忠頼	大和ノ内 一・三	—
お	大谷吉継	越前敦賀 五・〇	—
	岡本宗憲	伊勢亀山 二・二	—
	奥山正之	越前ノ内 一・一	—
	織田秀雄	越前大野 五・〇	—
	織田秀信	美濃岐阜 十三・三	—
	小野木公郷	丹波福知山 三・一	—
	小野寺義道	出羽横手 三・二	—
か	加賀井秀望	美濃加賀井 一・〇	—
	垣見一直	豊後富来 二・〇	—
	垣屋恒総	因幡浦住 一・〇	—
	糟谷武則	播磨加古川 一・二	—
	川尻直次	美濃苗木 一・〇	—
き	木下勝俊	若狭小浜 六・二	—
	木下重賢	因幡若桜 二・〇	—
	木下利房	若狭高浜 二・〇	—
	木下頼継	越前ノ内 二・五	—
	木村由信	美濃北方 一・〇	—
く	熊谷直盛	豊後安岐 一・五	—
こ	小西行長	肥後宇土 二十・〇	—
さ	斎村政広	但馬竹田 二・二	—
	佐藤方政	美濃上有知 二・〇	—
	真田昌幸	信濃上田 三・八	—
し	島津豊久	日向佐土原 二・九	(慶長八年、一族に旧領安堵)
	新庄直頼	摂津高槻 二・四	(慶長九年、常陸麻生三万石)
す	杉若氏宗	紀伊田辺 一・九	—
た	多賀秀種	大和宇多 二・〇	—
	高木盛兼	美濃高須 一・〇	—
	高橋直次	筑後内山 一・八	(慶長十九年、常陸柿岡五千石)
	多賀谷重経	常陸下妻 六・〇	—
	滝川雄利	伊勢神戸 二・〇	(慶長八年、常陸片野二万石)
	立花宗茂	筑後柳川 十三・二	(慶長二年、陸奥棚倉一万石)
	田丸忠昌	美濃岩村 四・〇	—
ち	長宗我部盛親	土佐浦戸 二十二・二	—
	筑紫広門	筑後山下 一・八	—
て	寺西直次	伊勢・近江・越前ノ内 一・〇	—
と	戸田重政	越前安居 一・〇	—
な	長束正家	近江水口 五・〇	—
	南条忠成	伯耆羽衣 四・〇	—
に	丹羽長重	加賀小松 十二・五	(慶長八年、常陸古渡一万石)
	丹羽長昌	越前東郷 五・〇	—
は	早川長政	豊後府内 二・〇	—
	原勝胤	美濃太田山 三・〇	—
ほ	堀内氏善	紀伊新宮 二・七	—
ま	前田利政	能登七尾 二十一・五	—
	蒔田広定	伊勢雲出 一・〇	(のち備中ノ内に一万石)
	増田長盛	大和郡山 二十・〇	—
	松浦久信	伊勢井生 一・〇	—
	丸毛兼利	美濃福東 二・〇	—
み	宮部長房	因幡鳥取 五・〇—	—
も	毛利秀包	筑後久留米 十三・〇	—
や	山川朝信	下野山川 二・〇	—
	山口宗永	加賀大聖寺 六・〇	—
	山崎定勝	伊勢竹原 一・〇	—
よ	横浜茂勝	播磨ノ内 一・七	—

《合戦関連年表》

慶長三年（一五九八）	
八月十八日	豊臣秀吉、伏見城にて没する。享年六十二。子・秀頼が跡を継ぐ。
九月三日	徳川家康、前田利家ら、豊臣秀頼に忠誠を誓う。徳川家康ら五大老、石田三成ら五奉行と誓約を交わす。
慶長四年（一五九九）	
一月十日	豊臣秀頼、秀吉の遺命により伏見城から大坂城へ移る。
二月二日、	徳川家康、伊達政宗・福島正則・蜂須賀一茂（家政）らと婚を約すも、前田利家ら五大老、五奉行から詰問される。家康、利家らと誓書を交わし、和解。
閏三月三日	前田利家、大坂にて没する。享年六十二。加藤清正、黒田長政らが石田三成の排除を謀る。
閏三月四日	家康、三成に佐和山への蟄居を命じ、諸将らをなだめる。
十二月	徳川家康、加賀金沢の前田利長が陰謀を企てていることを聞き、軍を起こそうとする。利長、他意なき旨を家康に伝える。
慶長五年（一六〇〇）	
一月	徳川家康、下総古河の小笠原秀政の娘を養女とし、蜂須賀一茂（家政）の長子・豊雄（至鎮）に嫁がせる。
二月二日	上杉景勝、出羽仙道諸城の修築を命じる。
四月一日	徳川家康、上杉景勝の非道を記した書状を直江兼続に送り、入京を命ずる。
五月三日	徳川家康、直江兼続からの返答に怒り、諸大名に会津出征を命ずる。
五月十七日	徳川家康、前田利長の母で人質の芳春院を江戸へ送る。
六月六日	徳川家康、諸大名を大坂城へ集め、会津征討の部署を定める。徳川家康、保科正直の娘を養女とし、黒田長政に嫁がせる。
六月十五日	豊臣秀頼、大坂城にて徳川家康と接見し、会津出征にあたり黄金二万両、米二万石などを授ける。
六月十六日	徳川家康、諸将とともに大坂を発し、伏見城へ向かう。
七月二日	徳川家康、秀忠とともに江戸城へ入る。
七月十一日	石田三成、徳川家康討伐の企てを大谷吉継に告げる。
七月十二日	石田三成、大谷吉継、増田長盛、安国寺恵瓊らが佐和山城に集結、毛利輝元を主将に仰ぐことを話し合う。増田長盛、これを徳川家康に密告。
七月十七日	毛利輝元、大坂城西ノ丸に入る。豊臣秀頼を擁し、西軍の総帥となる。石田三成、長束正家、増田長盛、前田玄以らが家康の罪科十三ヶ条を記した『内府ちがいの条々』を諸大名に送る。

	細川ガラシャ、石田三成の人質となることを拒み、自害。
七月二十一日	徳川家康、会津征討のため江戸城を出立。
七月二十四日	徳川家康、小山着陣。
七月二十五日	徳川家康、上方における異変を諸将らに告げ、軍議を行なう。
八月一日	石田三成、徳川方の伏見城をおとす。
八月二日	前田利長が大聖寺城をおとす。
八月十日	石田三成、美濃大垣城へ入る。
八月十二日	徳川家康、細川忠興に但馬一国、加藤清正に肥後・筑後を与えることを約す。
八月十四日	徳川家康、九鬼守隆に南伊勢五郡を与えることを約し、忠誠を誓わせる。
八月二十二日	福島正則、池田輝政らが竹ヶ鼻城をおとし、西軍方の岐阜城へ向かう。
八月二十三日	東軍方、岐阜城をおとす。
八月二十四日	西軍方の鍋島勝茂らが伊勢松坂城をおとす。 徳川秀忠、下野宇都宮から信濃へ向かう。
八月二十五日	西軍方の毛利秀元、伊勢安濃津城をおとす。
九月一日	徳川家康、三万の軍勢を率いて江戸を出立。 徳川秀忠、信濃軽井沢に至る。

九月六日	徳川秀忠、上田城に籠る真田昌幸を攻める。
九月八日	小早川秀秋の使者が徳川家康の宿所を訪れる。
九月十日	徳川家康、尾張熱田に着陣。 徳川秀忠、上田城攻略を諦め、翌日、美濃へ向かう。
九月十一日	徳川家康、清洲城へ入る。
九月十三日	徳川家康、岐阜に到着。
九月十四日	正午頃、徳川家康、赤坂に到着。夜、西軍が関ヶ原へ移動。西軍、京極高次が守る大津城をおとす。
九月十五日	早暁、関ヶ原において東西両軍が激突。 東軍の勝利に終わる。
九月十七日	東軍、石田三成の佐和山城をおとす。
九月十九日	小西行長、伊吹山の山中にて東軍方に捕らえられる。
九月二十一日	石田三成、伊吹山の山中にて東軍方に捕らえられる。
九月二十三日	安国寺恵瓊、京都で捕らえられる。
九月二十四日	毛利輝元、大坂城を退去。
九月二十七日	徳川家康、大坂城へ入る。
十月一日	石田三成、小西行長、安国寺恵瓊ら、京都六条河原で処刑される。
十月十五日	徳川家康、関ヶ原の合戦における諸将の論功行賞を告げる。

〈参考文献〉

『関ヶ原合戦　戦国の一番長い日』『大坂の陣　証言・史上最大の攻防戦』二木謙一（以上、中央公論新社）／『戦国武将の手紙を読む』二木謙一（角川書店）／『徳川家康』二木謙一（筑摩書房）／『信長・秀吉・家康に学ぶ成功哲学』二木謙一（三笠書房）／『石田三成』今井林太郎、『豊臣秀頼』福田千鶴、『織田信長家臣人名辞典　第2版』谷口克広、『関ヶ原合戦と石田三成』矢部健太郎、『関ヶ原合戦と大坂の陣』笠谷和比古、『国史大辞典』（以上、吉川弘文館）／『戦国の雄と末裔たち』中嶋繁雄（平凡社）／『お江と戦国の女たち』『長宗我部盛近』『図説戦国女性と暮らし』（以上、学研パブリッシング）／『外様大名40家』榎本秋、『女たちの戦国』鈴木由紀子（以上、幻冬舎）／『関ヶ原　敗者たちの復活戦』河合敦（グラフ社）／『関ヶ原』武光誠、『山内一豊』小和田哲男（以上、ＰＨＰ研究所）／『石田三成とその子孫』白川亨、『江戸三百藩藩主列伝』『歴史読本』編集部編、『名君前田利長』池田公一、『山内一豊のすべて』小和田哲男編著、『前田利家のすべて』『大谷刑部のすべて』『直江兼続大事典』花ヶ前盛明、『徳川家康事典』藤野保、村上直ほか、『豊臣秀吉事典　コンパクト版』二木謙一、杉山博ほか編、『江戸大名廃絶物語』『事典がのせない　日本史有名人の兄弟』『事典にのらない　戦国武将の居城と暮らし』『事典にのらない　戦国武将の晩年と最期』『真田幸村と大坂の陣』『戦況図録関ヶ原大決戦』『戦国武将最後の戦い』『戦国名将列伝』『前田利家』『誰も書かなかった戦国武将96人の真実』『姫君たちの大戦国絵巻』『直江兼続の生涯』『石田三成』『独眼竜政宗』（以上、新人物往来社）／『関ヶ原合戦の深層』谷口央（高志書院）／『関ヶ原大戦』加来耕三（学陽書房）／『郷土史事典　長崎県』石田保（昌平社）／『江戸三百藩最後の藩主』八幡和郎（光文社）／『高山右近を追え！』高橋敏夫（いのちのことば社フォレストブックス）／『細川三代』春名徹（藤原書房）／『小西行長』島津亮二（八木書店）／『大名の日本地図』中嶋繁雄、『信長の血統』

山本博文（以上、文藝春秋）／『真田氏三代』笹本正治（ミネルヴァ書房）／『戦国武将の明暗』本郷和人（新潮社）／『拓かれた五島史』尾崎朝二（長崎新聞社）／『長崎県の歴史』瀬野精一郎（山川出版社）／『天下取の知恵袋井伊直政』池内昭一（叢文社）／『徳川家康家臣団の事典』煎本増夫（東京堂出版）／『徳川千姫読本』内海昭博（歴研）／『武士道のことがよくわかる本』山本博文（中経出版）／『本当は間違いばかりの「戦国史の常識」』八幡和郎（ソフトバンククリエイティブ）／『幕末維新全藩事典』（人文社）／『日本史諸家系図人名辞典』小和田哲男監修（講談社）／『藩史大辞典』（雄山閣）

監　修

二木謙一（ふたき けんいち）

1940年東京都生まれ。國學院大學大学院日本史学専攻博士課程修了。國學院大學名誉教授。豊島岡女子学園理事長。文学博士。『中世武家儀礼の研究』（吉川弘文館）でサントリー学芸賞を受賞。主な著書に『関ヶ原合戦―戦国のいちばん長い日』（中公新書）、『秀吉の接待―毛利輝元上洛日記を読み解く』（学研新書）、『合戦の文化史』（講談社学術文庫）、『中世武家の作法』（吉川弘文館）ほか多数。NHK大河ドラマ「平清盛」「江～姫たちの戦国～」「軍師 官兵衛」ほか多数の風俗・時代考証も手がけている。

※本書は書き下ろしオリジナルです。

じっぴコンパクト新書　264

知れば知るほど面白い！「その後」の関ヶ原

2015年7月10日　初版第1刷発行

監　修……………二木謙一
発行者……………増田義和
発行所……………実業之日本社
〒104-8233　東京都中央区京橋3-7-5　京橋スクエア
電話（編集）03-3562-4041
（販売）03-3535-4441
http://www.j-n.co.jp/
印刷所……………大日本印刷株式会社
製本所……………株式会社ブックアート

ISBN978-4-408-45562-4（学芸）